事例から学ぶ日本国憲法

岡田信弘

事例から学ぶ日本国憲法（'13）
⃝C2013　岡田信弘

装丁・ブックデザイン：畑中　猛

まえがき

　日本国憲法は，98条1項で，「この憲法は，国の最高法規であつて，その条規に反する法律，命令，詔勅及び国務に関するその他の行為の全部又は一部は，その効力を有しない」と規定しています。「憲法の最高法規性」が定められているこの規定を見るだけで，憲法の重要性が分かると思います。でも，皆さんの中には，憲法は民法などとは違って「身近な存在」ではなく，何かよく分からない「遠い存在」だと感じている人も多いのではないでしょうか。

　ところで，政治の舞台では，時期によって密度の差はありますが，日本国憲法の改正をめぐる議論が絶えることなく行われてきました。これから，熱い議論がたたかわされるようになるかもしれません。改正の手続を具体化した法律（「日本国憲法の改正手続に関する法律」）が，2010（平成22）年に施行されたからです。

　そのような時期を迎えている今，何よりも望まれることは日本国憲法についてきちんと学ぶことではないでしょうか。日本国憲法がそもそもどのようなものであるのかを正確に知らないまま，改正すべきだ，あるいは改正すべきではないといっても，それは，実に虚しい議論といわざるをえません。マスコミでは，かつて，「改憲」，「論憲」，「創憲」といった言葉が飛びかっていましたが，現在取り上げられるべき言葉は，「学憲」あるいは「知憲」であるように思われます。日本国憲法を学ぶことを通じて，それを正確に知ることこそ必要ではないでしょうか。

　本印刷教材は，そのような必要に応えようとするものです。したがって，読者としては，法学部の学生はもとより法学部以外の学部に所属し

ている学生を含めて大学生として初めて憲法を学ぶ人や，これから憲法を学ぼうとしている一般の市民の皆さんを考えています。そのためこの印刷教材では，必ずしも法律や憲法に関する知識を十分にもっているとはいえない人たちが，憲法に対する理解を比較的容易に深めることができるように，いくつかの工夫を試みてみました。

　まず，構成がその1つです。各章の冒頭に事例的な「設問」を置き，それに即して学説や判例の議論を説明する形を採りました。最初から最後まで抽象的・理論的な説明だけですと，憲法がやはり「遠い存在」のままに終わってしまうように思われたからです。問題によっては理論的に深い考察が必要になる場合がありますが，その場合でもできる限り具体的な事例に戻るように努めたつもりです。もう1つの工夫は，各章の最後に「コラム」を置いたことです。ちょっとした気分転換も兼ねて，あまり知られていないトピックや問題を取り上げ，簡単な説明を加えておきました。こうした問題や議論があるのかと受けとめられることによって，憲法に対してより強い関心をもってもらえればと思います。

　本印刷教材はどこから読んでもいいのですが，やはり第1章から始めて，憲法を学ぶにあたっての基礎を固め，次に第7章までの統治の仕組みを学ぶことによって日本国憲法の中腹に至り，そして最後に第8章以下で展開されている事例や判例の具体的な検討を介して人権保障について正確に理解することによって，日本国憲法という山の頂上に到達する。これが，一番お勧めのコースだと思います。このコースを一歩ずつ途中を省略することなく歩めば，日本国憲法の全体的な姿がその先にくっきりと浮かび上がってくることでしょう。そのことを，執筆者として心から祈念しています。

　最後に，本印刷教材の企画段階から出版にいたるまで格別のお世話になったNHK出版の粕谷昭大氏および秦寛二氏ならびに放送大学学園制

作部の曽田雅彦氏に心より感謝の意を表します。

2013年3月
岡田信弘

略語一覧

1．判例および判例集の略語

最大判（決）	最高裁判所大法廷判決（決定）
最判（決）	最高裁判所判決（決定）
民　集	最高裁判所民事判例集
刑　集	最高裁判所刑事判例集
判　時	判例時報
行　集	行政事件裁判例集
裁　時	裁判所時報

2．文献の略語

芦部（髙橋補訂）・憲法〔第 5 版〕：芦部信喜／高橋和之補訂『憲法〔第 5 版〕』（岩波書店，2011年）

伊藤・入門〔第 4 版補訂版〕：伊藤正己『憲法入門〔第 4 版補訂版〕』（有斐閣，2006年）

大石＝石川・争点：大石眞・石川健治編『ジュリスト増刊　新・法律学の争点シリーズ 3　憲法の争点』（有斐閣，2008年）

佐藤幸・日本国憲法論：佐藤幸治『日本国憲法論』（成文堂，2011年）

野中他・憲法ⅠⅡ〔第 5 版〕：野中俊彦・中村睦男・高橋和之・高見勝利『憲法ⅠⅡ〔第 5 版〕』（有斐閣，2012年）

長谷部・憲法〔第 5 版〕：長谷部恭男『新法学ライブラリ 2　憲法〔第 5 版〕』（新世社，2011年）

毛利他・憲法Ⅰ：毛利透・小泉良幸・淺野博宣・松本哲治『憲法Ⅰ　統治』（有斐閣，2011年）

目次

まえがき　　3

1　「憲法」とは何か　　11

1. 憲法の意味　11
2. 憲法の法源　15
3. 憲法と権力分立　18
   コラム①　日本国憲法の「硬さ」の程度　24

2　象徴天皇制と平和主義　　26

1. 国民主権　27
2. 象徴天皇制　30
3. 平和主義　35
   コラム②　皇室経費　39

3　選挙制度と政党　　41

1. 選挙制度の分類　42
2. 日本の現行制度　45
3. 選挙制度の憲法論　47
4. 憲法と政党　49
   コラム③　H・トリーペルの4段階説　52

4　国　会　　55

1. 国会の憲法上の地位　56
2. 立法過程と国会　61
3. 国会運営と会期制　65
4. 二院制とねじれ国会　69

コラム④　議員の質問と質疑　71

5 | 内閣　73

1. 内閣の地位　74
2. 内閣の職権　74
3. 内閣の組織と責任　76
4. 内閣の総辞職と衆議院の解散　77
5. 内閣総理大臣　80
6. 議院内閣制　83

コラム⑤　独立行政委員会　86

6 | 裁判所　89

1. 警察予備隊違憲訴訟　90
2. 司法権　92
3. 裁判所の組織と権能　96
4. 裁判員裁判の合憲性　100

コラム⑥　裁判の公開　102

7 | 地方自治　105

1. 地方自治の本旨　106
2. 地方公共団体の組織　109
3. 地方公共団体の権能　112
4. 地方公共団体における住民参加　117

コラム⑦　地方自治特別法に関する住民投票　119

8 | 人権の観念　121

1. 人権観念の歴史的展開　122
2. 人権の享有主体　126

コラム⑧　公職選挙法137条の2および239条の合憲性　133

9 | 人権の適用範囲と分類　　136

1. 人権の私人間効力　137
2. 特別の法律関係における人権　141
3. 人権の分類　145

コラム⑨　「公共の福祉」　149

10 | 幸福追求権と法の下の平等　　151

1. 幸福追求権　152
2. 法の下の平等　158

コラム⑩　信仰に基づく輸血拒否の可否　163

11 | 精神的自由権(1)――内心の自由　　165

1. 思想および良心の自由　166
2. 信教の自由　169
3. 政教分離原則　173

コラム⑪　東大ポポロ事件　178

12 | 精神的自由権(2)――表現の自由　　180

1. 集会および結社の自由　181
2. 表現の自由の保障　184
3. 表現の自由と名誉毀損　188

コラム⑫　わいせつ的表現の規制　192

13 | 経済的自由権　　195

1. 職業選択の自由　196
2. 適正配置規制に関する判例の展開　199

3. 財産権の保障　204
コラム⑬　正当な補償　207

14 | 社会権　210

1. 生存権　211
2. 堀木訴訟最高裁判決　214
3. 教育を受ける権利　218
コラム⑭　環境権　222

15 | 参政権と国務請求権　224

1. 選挙権の法的性格　225
2. 選挙権行使の制限をめぐるいくつかの問題　227
3. 議員定数不均衡問題　230
4. 国務請求権　235
コラム⑮　義務投票制の採用　239

索　引　241

1 「憲法」とは何か

《設　問》イギリスについて，一方で，「18世紀において憲法をもっていたのは，世界のうちでイギリスだけであった」といわれながら，他方で，「19世紀の文明諸国で憲法をもっていないのはイギリスのみである」と述べられることがあります。一見すると矛盾しているように思われるこの表現は，どのように理解したらよいのでしょうか。「憲法」の意味を探りながら，この問いについて考えてください。
《目標・ポイント》「憲法」について学習しようとするときに，「憲法」の意味が曖昧なままではそもそも何を対象にして考えてよいのかが定まりません。そこで，本章では，まず，「憲法」の意味を明らかにすることから始めます。次いで，本授業の主たる検討対象である「日本国憲法」に含まれる基本原理について，「憲法」の意味と関連させながら考えることにします。
《キーワード》実質的意味の憲法，形式的意味の憲法，近代的意味の憲法，憲法の法源，権力分立

1．憲法の意味

（1）「実質的意味の憲法」と「形式的意味の憲法」

「憲法」という言葉は多義的に用いられていますが，多くの憲法の教科書では，まず，「実質的意味の憲法」と「形式的意味の憲法」の区別から論じています。ここでも，この区別から概観することにしましょう。この区別が，先の設問と深く関わっているからです。

「実質的意味の憲法」は，「憲法」の内容に着目するもので，国家統治

の基本構造あるいは根本の秩序に関わる法規範の総体を意味すると解されています。より具体的には，統治権の主体，統治の組織と作用，治者と被治者の関係などに関する基本的なことがらを規定する法が含まれることになります。「国家あるところ必ず憲法あり」は，「実質的意味の憲法」を前提にした表現です。そして，このような意味での「憲法」がイギリスに存在していることは当然のことです。

これに対して，「形式的意味の憲法」は，「憲法」の形式に注目して，憲法典あるいは成文憲法という特別の法形式をとって存在するものを指します。いまの日本では，「日本国憲法」がそれに当たります。現在では，ほとんどすべての国が憲法典を有していますが，主要国における唯一の例外がイギリスです。イギリスには，マグナ・カルタ，権利請願，権利章典，王位継承法，国会法などの「実質的意味の憲法」に関わる制定法はありますが，憲法典はいまだに存在していません。「形式的意味の憲法」に該当するものはないのです。その意味では，イギリスは「憲法」をもっていない，と表現することもできます。

以上のような理解を前提にすると，設問の意味するところが見えてくるのではないでしょうか。文章の前半における「憲法」は「実質的意味の憲法」を意味し，後半のそれは，「形式的意味の憲法」の意味で用いられていると理解することができるからです。誤解を招きかねない表現ではありますが，内容的にけっして矛盾するものではありません（なお，2つの文章については，伊藤・入門1頁参照）。

(2)「近代的意味の憲法」

「実質的意味の憲法」のあり方を歴史的に考察するときに，注目しておかなければならない「憲法」概念があります。それは，「近代的意味（立憲的意味）の憲法」です。現在の日本における「憲法」のありよう

を検討する際に、古典古代や中世における「憲法」のあり方を手がかりとすることは、内容的に見て少し距離がありすぎるように思われます。主な検討対象となる「日本国憲法」に大きな影響を与えているのは、近代市民革命と深い関わりを有する近代立憲主義に基礎を置く「近代的意味の憲法」だからです。

　この「憲法」のありようを簡潔に表現しているのが、フランス革命勃発直後につくられた、1789年のフランス人権宣言16条（「権利の保障が確保されず、権力の分立が定められていないすべての社会は、憲法を有するとはいえない」）です。この規定によれば、人権保障と権力分立に基づく統治機構の編成を含まない「憲法」は、近代的意味における「憲法」ではないことになります。

　なお、「近代的意味の憲法」の特色として、一般に、次の3点が指摘されています。第1に、先に言及したように、人権保障と権力分立を内容としていること、第2に、成文法の形式をとっていること、そして第3に、硬性憲法の性質を有していることです。第1の点、とくに権力分立については、後で少し詳しく検討するので、ここでは、第2と第3の特色について簡単に見ておくことにします。

　「近代的意味の憲法」が成文法の形式（憲法典という特別の法形式）をとることについては、様々な理由が示されてきました。その代表的なものは、「近代的意味の憲法」の登場に大きな影響を及ぼした社会契約論に基づく説明です。この説明によれば、まず、国家は自由な国民の社会契約によって組織され、その社会契約を具体化したものが「憲法」（根本規約）であるとされます。そしてこの根本規約は、契約である以上文書の形にすることが望ましく、またそうすることによって、契約条項（＝「憲法」）の権威も増大すると考えられました。西欧的な契約観念に基づいた説明です。

「近代的意味の憲法」のもう1つの特色である，硬性憲法の性質を有するとはどういうことでしょうか。硬性憲法とは，憲法の改正手続について，通常の法律制定改廃手続よりも厳格な手続を必要とする「憲法」のことをいいます。これに対して，通常の法律制定改廃手続と同じ手続で改正できる「憲法」は，軟性憲法と呼ばれています。「近代的意味の憲法」が硬性憲法の性質を有する理由については，第2の特色に関する説明を想起すれば容易に理解することができるでしょう。「憲法」が法律と同じ手続で改正されてしまっては，法律よりも重要な内容を定めているがゆえにそれよりも高い効力を与えようとする企てが無に帰してしまいかねません。「憲法」が硬性憲法の性質を有することと，それが国の最高法規であることとは表裏一体の関係にあるといえるのです。

　「日本国憲法」のありようは，こうした「近代的意味の憲法」の特色をすべて備えています。それが「近代的意味の憲法」について概観した理由であるとともに，「日本国憲法」を「近代的意味の憲法」の系譜に連なるものとして位置づけたうえで，その具体的な内容について考察することが必要となるゆえんです。

　ところで，現在の日本における「実質的意味の憲法」を理解するためには，「日本国憲法」のみを対象にして考えることで足りるでしょうか。答えはノーです。それだけでは，「実質的意味の憲法」の全体像を理解することはできません。そこで，「憲法の法源」が問題となります。「法源」とは法の存在形式のことで，法の解釈や適用に当たって援用することのできる法形式を意味します。成文法源と不文法源に大別されるのが一般的です。したがって，「憲法」について具体的に検討する前に，それを構成する法源は何か，あるいはどの範囲の法形式について検討する必要があるのかを考えておかなければなりません。

2．憲法の法源

（1）成文法源

　日本でも，大日本帝国憲法（以下「明治憲法」と表記します）の制定以来，「実質的意味の憲法」の重要な部分は成文化されてきました。現在では，前文と本文11章103条から成る「日本国憲法」が成文法源の中心を構成しています。

　前文は，本文とともに憲法典の一部を成すものですが，そこでは，憲法制定の根拠や憲法の基本原理が厳粛に宣言されています。「日本国憲法」の基本原理としては，一般に，国民主権，基本的人権の保障，平和主義の3つが挙げられています。憲法の3大原理とも呼ばれています。その趣旨や理念については，憲法の前文の中に読み取ることができます。前文は，冒頭の文章で次のように述べています。「日本国民は，正当に選挙された国会における代表者を通じて行動し，われらとわれらの子孫のために，諸国民との協和による成果と，わが国全土にわたつて自由のもたらす恵沢を確保し，政府の行為によつて再び戦争の惨禍が起ることのないやうにすることを決意し，ここに主権が国民に存することを宣言し，この憲法を確定する」。

　ここでは，日本国憲法が明治憲法と異なり民定憲法であることが宣言されていますが，それとともに国民主権の原理や人権・平和の原則もあわせて宣明されていることに注目しておかなければなりません。「主権が国民に存すること」，「自由のもたらす恵沢」の確保，そして「戦争の惨禍」の回避が謳われているからです。そして，前文で言及されたこれらの基本原理は，本文の様々な規定を通して具体化されていくことになるのです。

　本文は，第1章「天皇」，第2章「戦争の放棄」，第3章「国民の権利

及び義務」，第4章「国会」，第5章「内閣」，第6章「司法」，第7章「財政」，第8章「地方自治」，第9章「改正」，第10章「最高法規」，第11章「補則」という構成をとっています。このような内容から成る「日本国憲法」も，「実質的意味の憲法」のすべてについて定めることはできません。それを補充するために制定される様々な法律が問題となってきます。「憲法付属の法律」と呼ばれるものです。「憲法」の理解のためには，これらの法律もあわせて検討する必要があります。

　主なものは次のとおりです。①第1章関係：皇室典範，皇室経済法，恩赦法，②第3章関係：国籍法，請願法，人身保護法，③第4章関係：国会法，公職選挙法，④第5章関係：内閣法，国家行政組織法，国家公務員法，⑤第6章関係：裁判所法，⑥第7章関係：財政法，会計法，会計検査院法，⑦第8章関係：地方自治法，地方公務員法，⑧第9章関係：日本国憲法の改正手続に関する法律，などです。統治権の主体や組織のありようと密接に関わる選挙制度については，「日本国憲法」のどこを見てもその具体的な姿は分かりません。選挙制度の具体的なあり方は，公職選挙法が定めているからです。このことだけからも，「憲法付属の法律」の重要性が分かると思います。

　「日本国憲法」では，「条約」も誠実に遵守しなければならない法源とされています（98条2項）。現在では，国際人権規約を始め様々な国際人権に関する条約が成文の憲法法源と考えられています。

(2) 不文法源

　伝統的に成文法主義をとってきた日本では，成文法がほとんどすべての領域で主たる法源として位置づけられているために，不文法の重要性はあまり大きくないと考えられてきました。しかし，成文法で法的な問題のすべてを解決することはできないので，不文法源の存在が必要不可

欠なものとなります。「憲法」の領域も例外ではありません。

　「日本国憲法」は，98条2項で，条約と並んで，「確立された国際法規」も誠実に遵守しなければならないと定め，その法源性を認めています。これは，国際慣習に基づく法なので，国際慣習法とも呼ばれています。なお，この「国際法規」が成立するためには，諸国家の継続した一般慣行とそれを法的義務と認める法的確信の存在が必要であると解されています。

　憲法典がいまだ存在していないイギリスにおいて，「憲法」に関わる重要な法形式として位置づけられているのが，「憲法上の習律」です。ダイシーは，イギリスの憲法規範を裁判所で直接に強行される法と，強行されない習律とに区別しましたが，彼の習律論は，その後世界の憲法学説に大きな影響を与えました。日本もその例外ではありません。内閣の意思決定が行われる場は閣議ですが，その閣議における決定は全会一致によるといわれています。では，この全会一致による決定という手続は，憲法上に明文の根拠があるのでしょうか。「日本国憲法」のどこにもこれを定めた規定はありません。内閣法に根拠があるのでしょうか。そこにも見つけることはできません。この手続は，まさしく慣習あるいは習律に基づくものなのです。したがって，日本においても，内閣を含む統治機構の運用を的確に理解するためには，「憲法上の習律」を視野に入れて考察することが不可欠です。

　判例が法源であるかどうかには争いがありますが，裁判所に違憲審査権を与えている「日本国憲法」の下で，「憲法」の解釈について法的拘束力のある判断を下すのは，裁判所，とくに最高裁判所です。したがって，「判例法」を正確に理解することなしに，「日本国憲法」，とくにそこにおける人権保障について正しく把握することは不可能です。「判例法」を憲法法源の1つとして取り上げる考え方が有力になりつつある理

由です。

　以上で，現在の日本における「実質的意味の憲法」を検討するための対象あるいは素材が明らかになったように思われます。次章以下では，これらを対象に，いまの日本の「憲法」のありようについて具体的に検討していきますが，その前に，先に見たフランス人権宣言16条に出てきた「権力分立」について少し詳しく検討しておきたいと思います。なぜなら，それが「近代的意味の憲法」の最も重要な構成要素であるにもかかわらず，必ずしも正確に理解されていないからです。

3．憲法と権力分立

(1)「憲法」の基本原理としての権力分立

　権力分立は，人権保障とともに，「近代的意味の憲法」の最も重要な構成要素と解されてきました。しかし，権力分立の具体的なあり方は時代と国によって異なっており，唯一不変の形態が存在するわけではありません。また，そもそも，権力分立の理解の仕方も一様ではないのです。

　では，権力分立は，従来どのように理解されてきたのでしょうか。「国家権力（作用）を立法・行政・司法の各権力（作用）に区別し，その各々を異なる機関に担当させ，更に互いに他を抑制・均衡させることによって，国家権力（作用）の集中や濫用を排除し，もって個人の自由を擁護しようとするものである」というのが，権力分立の古典的な定義です。この定義によれば，権力分立は，「権力の区別」，「権力の分離」，そして「権力の抑制・均衡」の3つの要素から成る，「個人の自由を擁護」するための自由主義的統治の機構原理と位置づけられることになります。

　ただし，これらの要素の中の「区別」と「分離」をもって権力分立の

本質と捉える考え方（形式的権力分立観）と，それに加えて「抑制・均衡」を重視する考え方（機能的権力分立観）の間には対立があります。こうした異なる考え方の当否を問うべく，まず，権力分立の原理や制度のあり方の歴史的展開について概観することにしましょう。

（2）モンテスキューの権力分立論

　権力分立を考察するうえで欠くことのできない思想家として，一般に，ロックとモンテスキューが挙げられますが，ここではモンテスキューに焦点を合わせて，彼の権力分立論について検討することにします。

　権力分立，とりわけ三権分立の提唱者として位置づけられることの多いモンテスキューは，国家権力を，①立法権，②万民法に関する事項の執行権，③市民法に関する事項の執行権とに区別し，次のように説明しています（『法の精神』第11編第6章）。①の立法権とは，一時的もしくは永続的に法律を定めること，また，既に制定されている法律を修正もしくは廃止することであり，次に②の権力については，講和または戦争を行い，外交使節を派遣もしくは接受し，安全を確立し，侵略を予防することであると説明しています。そして③の権力については，犯罪を罰し，あるいは，諸個人間の紛争を裁くことであると述べられています。モンテスキューによれば，人はこの最後の権力を「裁判権」と呼び，②の権力については単に「執行権」と呼ぶと指摘しています。

　では，これら三権の関係のあり方について，モンテスキューはどのように論じていたのでしょうか。まず立法権と執行権の関係については，それらが同一の人間あるいは同一の役職者団体において結びつけられるとき，自由はまったく存在しないとされ，また裁判権については，それが立法権や執行権と分離されていなければ，自由はやはり存在しないとされています。更に，もしも同一の人間，または，貴族もしくは人民の

有力者から成る一部の団体がこれら三権を行使するならば，すべては失われることになるとも述べています。

　彼の議論でより重要なのは，立法権について「阻止する権能」が組み込まれていることです。議会は，人民を代表する議院と貴族を代表する議院とで構成され（二院制），その議会で決定されたことについては，執行権を有する君主が拒否権をもつべきであると主張しています。こうして，人民と貴族と君主という三者の利害が一致した場合にのみ，新たな立法が行われることになります。モンテスキューの議論には「分離」にとどまらず，「抑制・均衡」の要素が含まれていたことに注目しておく必要があるでしょう。彼の権力分立論について，三権を区別してそれぞれを固有の機関に専属させる「分離」を重視する説と解する理解（＝誤解）が存在しているからです。

（3）アメリカと権力分立

　18世紀末におけるアメリカ・フランス両革命の所産として生み出された成文憲法（1788年のアメリカ合衆国憲法および1791年のフランス憲法）では，モンテスキューの議論にかなり忠実に従う形で権力分立原理の実現が追求されました。アメリカ合衆国憲法を例に，その具体化のありようを概観することにしましょう。

　合衆国憲法は，1条で立法権を上下両院からなる連邦議会に，2条で執行権を大統領に，そして3条で司法権を最高裁判所と連邦議会が設置する下級裁判所に付与しました。「日本国憲法」と同じく，合衆国憲法には，権力分立そのものに直接言及した規定は存在しませんが，これら3つの規定により権力分立原理が定められているものと理解されています。ただし，三権および三政府部門が厳密に「分離・分立」しているわけではないことに注意が必要です。

先に見たように，立法権は連邦議会に付与されていますが，大統領が停止的な拒否権の行使を通して立法権行使に関与することが認められています（1条7節2項，3項）。また，執行権については大統領に付与されていますが，職員の任命には上院の助言と承認が必要であり（2条2節2項），条約の締結にも上院の助言と承認が必要とされています（同上）。したがって，執行権の重要な部分に，議会，とりわけ上院が関わっていることになります。大統領は国民の（間接）選挙によって選出されますが，弾劾の可能性も認められています（2条4節）。最後に裁判所に付与されている司法権については，これに関連するものとして議員の資格裁判権が各議院にあり（1条5節1項），弾劾裁判権は上院に与えられている（1条3節6項）ことが注目されます。また，連邦の裁判官の任命は，大統領が上院の助言と承認を得て行うとされています（2条2節2項）。

以上の規定のありようから，合衆国憲法においても，三権あるいは三政府部門が必ずしも厳格に分離されているわけではないことが明らかとなるでしょう。

（4）イギリスと権力分立

ところで，19世紀における民主主義（＝国民主権）の進展は，以上に概観した初期近代憲法における権力分立のありようとは異なったあり方を支配的なものとしました。議院内閣制の確立です。

イギリスにおける議院内閣制の発達は，立法権と執行権とを結びつけることにより，アメリカ合衆国憲法における権力分立のあり方とはかなり異なった様相を示すに至りました。すなわち，選挙によって選出される議員から成る議会を，統治機構の中で相対的に優越的な地位に位置づけ，しかも「抑制・均衡」よりは「融合・協働」の契機がより強調され

るのです。議院内閣制の下では，執行権の担い手たる内閣の構成員は基本的に議会から選ばれ，その存立は議会の意思に依存することになります。これによって執行権がかなり強く立法権のコントロールを受けることになることを捉えて，議院内閣制を権力分立をゆがめるものと解する考え方があります。しかし，多くの論者は，議院内閣制を柔軟な権力分立として位置づけているように思われます。

　議院内閣制に基づく変容の契機を含む権力分立のあり方は，19世紀を通じて，ヨーロッパ諸国を始めとする多くの国々で採用されていくことになります。そしてこうした議会優位の権力分立の下では，議会制定法に対する裁判所のコントロール，すなわち違憲審査制も消極的に受けとめられることになるでしょう。

　権力分立については，常に「変容」が問題とされてきました。そしてこの「変容」は，時代がくだるとともに更に違った様相を示し，権力分立の現代的なあり方が問われることになります。

(5) 現代的変容

　20世紀に入って，憲法を取り巻く環境は大きく変化しました。たとえば，国家のあり方は「消極国家」から「積極国家」へと変わり，また大衆民主主義の進展にともなって政党制が飛躍的に発達し，いわゆる「政党国家」と呼ばれる現象も出現するに至っています。

　権力分立のありようも，このような環境の変化と無関係ではありえません。実際，現代国家に共通に見られる変化なり現象として，以下のようないくつかの点が指摘されているのです。

　第1に，社会国家・積極国家の進展にともない，執行権または行政権が国家意思の決定において中心的・決定的な役割を営むようになったことが挙げられます。実質的に果たしている機能という観点から見た場

合，今日，執行権の他の二権に対する地位の相対的な高さを否定することは困難でしょう。

　第2に，政党国家化の深化にともなう変化が問題となります。とくに，議院内閣制の下では，政府と議会多数党とが一体化することにより，議会による立法や行政監督に期待された機能が十分には果たされない事態が現れます。そこで，多数党と少数党の間の権力分立が確立される必要が出てきますが，それに資する制度として国政調査権の発動に対する少数党のイニシアティブを認めることなどが検討されなければなりません。

　第3に，以上の政治部門における変化にかんがみて，違憲審査権を含む裁判所の役割に対する期待が高まったことを指摘しうるでしょう。政治部門と裁判部門の間の権力分立です。政治部門内部における権力分立が多かれ少なかれ稀薄になっている以上，裁判部門が立法権と執行権を合わせた政治部門を適切にコントロールしなければ，統治機構全体における権力分立の存在自体が喪失してしまいかねません。

　そして最後に，中央と地方の間の権力分立があります。中央政府にあまりにも権力が集中している場合，その権力には絶えず濫用の危険がつきまとうことになり，またそれを内部的な分立によってチェックしあうことにも自ずと限界があります。したがって，地方分権を進めることによって中央と地方の垂直的な権力分立を図り，多元的な権力分立を実現することも，権力分立に対する現代的なアプローチの1つとして位置づけられなければならないのです。

　日本国憲法が権力分立を基礎にした憲法であることは間違いありません。それも現代的変容後のありようを色濃く含んでいます。したがって，それの具体的なありようを正確に理解するためには，一方で，権力分立原理の比較憲法史的な考察を通じて得られる「原型」や「現型」と

の距離を測るとともに，他方で，単に憲法の条文から導かれる制度のあり方だけを見るのではなく，運用あるいは実態を視野に入れた考察が不可欠です。

では前置きはこれぐらいにして，次章から本論の考察に入ることにしましょう。

コラム① 日本国憲法の「硬さ」の程度

硬性憲法の「硬さ」の程度は様々ですが，それと深く関わる憲法改正の特別手続には次のようなタイプがあります。

①普通の立法機関によって改正できるが，定足数や議決の要件を加重するタイプ。明治憲法では，通常の法律の場合には，両議院で3分の1の定足数と過半数の賛成で成立しますが（46条，47条），憲法改正の場合には，3分の2の定足数と3分の2以上の賛成が必要とされていました（73条2項）。

②議会による議決に国民投票を加えるタイプ。1958年の現行フランス第5共和制憲法では，89条で，両議院で普通の立法の要件によって可決された憲法改正案を国民投票にかけるか，または，両議院の合同会議に（政府提出の）憲法改正案を付議し，5分の3の多数によって改正案を承認するかを選択的に定めています。憲法改正の実例の多くは，後者の手続によるものとなっています。

③連邦制国家における国レベルの議決に州の同意を加えるタイプ。アメリカ合衆国憲法は，連邦議会の両議院の3分の2の多数によるか，または，3分の2の州議会の要求に基づいて，連邦議会が特別に招集した憲法会議によるかによって憲法改正が発議され，更に4分の3の州の承認を必要としています（5条）。

日本国憲法が採用しているのは②のタイプで，各議院の3分の2以上の議員の多数決に義務的な国民投票を加えています（96条）。硬性憲法の中でも，「硬さ」の程度は強いほうといえるでしょう。
　この点を捉えて，日本国憲法を批判する人がいます。しかし，憲法改正要件の難しさ（＝憲法の硬さ）と，実際に憲法改正が行われる頻度との間に必然的な関係はないことに注意が必要です。アメリカは，州の4分の3の承認という厳格な要件の下で，日本に比べて数多くの憲法改正を行っています。そうした日本とアメリカの違いは，憲法の「硬さ」ではなく，両国の憲法をめぐる様々な状況（＝国際的・政治的・社会的・経済的要因）の相違に基づくものだと考えたほうがよいのではないでしょうか。

参考文献

芦部（高橋補訂）・憲法〔第5版〕，pp. 4-17
伊藤・入門〔第4版補訂版〕，pp. 1-14，pp. 39-47
大石眞「憲法の法源」大石＝石川・争点，pp. 8-9
野中他・憲法Ⅰ〔第5版〕，pp. 3-44
長谷部・憲法〔第5版〕，pp. 3-36
毛利他・憲法Ⅰ，pp. 1-14，pp. 20-23

2 象徴天皇制と平和主義

《設　問》「本日，第180回国会の開会式に臨み，全国民を代表する皆さんと一堂に会することは，私の深く喜びとするところであります。

　国会が，国民生活の安定と向上，世界の平和と繁栄のため，永年にわたり，たゆみない努力を続けていることを，うれしく思います。

　ここに，国会が，国権の最高機関として，当面する内外の諸問題に対処するに当たり，その使命を十分に果たし，国民の信託に応えることを切に希望します」。これは，天皇が，第180回国会（常会）の開会式（2012［平成24］年1月24日）で述べた「おことば」です。この「おことば」を肝に銘じて，国会議員が国会における様々な活動に取り組むべきことは明らかでしょう。しかし，本設問で問おうとしていることは，そのことではありません。国会の開会式における「おことば」の憲法上の位置づけについてです。日本国憲法では，「天皇は，この憲法の定める国事に関する行為のみを行ひ，国政に関する権能を有しない」（4条1項）と規定されています。後で確認しますが，「国事行為」を定めた憲法上の規定では，国会の開会式で「おことば」を述べる行為は明示的には言及されていません。

　では，この行為の性格についてはどのように考えたらよいのでしょうか。日本国憲法における天皇制の位置づけをふまえて検討してください。

《**目標・ポイント**》日本国憲法は，1条で，「天皇は，日本国の象徴であり日本国民統合の象徴であつて，この地位は，主権の存する日本国民の総意に基く」と定めています。設問についての検討は，まずこの規定の解釈から始める必要があるでしょう。この規定は，日本国憲法における天皇制の位置づけを左右するものです。また，1条が，「主権の存する日本国民」と規定していることにも注目しておく必要があります。日本国憲法が国民主権を採用している根拠として，一般的には，前文と並んで1条のこの部分が取り上げられているからです。憲法における天皇制の位置づけを考察する前提として，

まず日本国憲法における国民主権について検討することにします。なお、平和主義も日本国憲法における天皇制の存置と深く関わっていますので、設問に対する検討を終えた後で、それについて概観したいと思います。
《キーワード》国民主権，象徴天皇制，皇室典範，国事行為，公的行為，平和的生存権，戦争放棄

1. 国民主権

(1) 概　説

「主権（Sovereignty）という概念ほど，多くの紛糾した問題を起して，第19世紀の法学者や政治理論家たちを絶望的な迷路の中に引き入れた概念はない」。これは，フランスの哲学者であるジャック・マリタンが1951年に著した『人間と国家』という書物の中に見られる文章です。「絶望的な迷路」は言い過ぎかもしれませんが，それを「混迷」もしくは「混乱」という言葉に置き換えるならば，このマリタンの指摘は，20世紀の，ひいては現在のわが国における主権をめぐる議論のありようにも当てはまるように思われます。

戦後憲法学は，時期によって密度に違いはありますが，「主権」あるいは「国民主権」に対して多様な議論を行ってきました。その結果，国民主権については，一般に，「国政のあり方を最終的に決定する権力または権威」が，君主といった特定の個人にではなく，すべての人からなる国民に存すると解されるようになっています。このことから，国政が民意に基づいて行われなければならないことについて争いはありません。しかし，国民主権がいかなる具体的な統治のあり方と結びつくのかについては学説上対立があります。とくに，直接民主制的要素の組み入れ方に対する評価をめぐって異なった見解が存するのです。つまり，一

方に，国民投票制や命令的委任との結びつきを強調する考え方があるのですが，他方では，普通選挙に基づいた議会が設けられることで，国民主権の最低限度の条件は満たされるとする見解も存在しています。

これらの説のいずれが妥当であるかは，にわかに判断しがたいところがあります。ある個別の憲法が国民主権をどのように具体化しているのかは，その憲法の統治組織に関する諸規定から導き出さざるをえません。日本国憲法は，前文で，「そもそも国政は，国民の厳粛な信託によるものであつて，その権威は国民に由来し，その権力は国民の代表者がこれを行使し，その福利は国民がこれを享受する」と規定しているので，いわゆる代表民主制を基本的な構造とする統治システムを採用しているといえます。直接民主制的な仕組みは，憲法改正（96条）や地方自治特別法に関する住民投票（95条）など，限られた場面でしか用いられていません。しかし，国の政治はあくまでも国民の意思に基づいて営まれなければならない，という国民主権の原点を忘れてはならず，主権者たる国民は，このことを自覚して政治に関わっていくことが必要です。

ところで，ここで，日本国憲法制定直後に展開された「国体変革」をめぐる論争，とくに「尾高・宮沢論争」に注目しておきたいと思います。そこでは，天皇制との関わりで，「主権」に関する議論が行われていたからです。

(2) 尾高・宮沢論争

法哲学者である尾高朝雄の議論から見ることにしましょう。彼は，一方で，「普通の用語法」によれば，主権とは「国家における最高の政治的権力」あるいは「国家における最高の政治意思決定の力」であるといってもよいとしながら，他方において，このような考え方に基づいて「これまで政治上の絶対権のように解されていた主権の概念」を「法の

理念の下に正しく改鋳すること」こそを,「緊急切実な今日の根本問題」と位置づけなければならないとしています。そこから導かれたのが,「ノモスの主権」です。尾高は次のように述べています。「ノモスこそ王の上にある王であり,神々に対してすら王として君臨する。法は,地上の権力者によって勝手気ままに作られるものであってはならない。故に,国家において最高の権威をもつものを「主権」と名づけるならば,王が主権者であるのではなくて,主権はノモスにこそあるといわなければならぬ」。そして,このような考え方に基づいて,「天皇の統治を中心とする日本の国体を,国民主権とは氷炭相容れ得ない対蹠の原理と見るのは,むしろ皮相の見解」であり,「国民主権と天皇の統治とは,政治の理念の表現としては,根底において深く相通ずるものをもっている」とする「国体不変更論」が正当化されているのです。

　こうした尾高の議論に異を唱えたのが,憲法学者の宮沢俊義でした。彼は,「国家の統治のあり方を最終的にきめる力」としての主権の問題について,ノモス主権は答えていないと考えたのです。宮沢は述べています。「主権はどこにあるか。君主主権か。国民主権か。この問題に対して,ノモス主権は,少しも答えるところはない。ノモス主権は,もしそれがなんらかの問題に答えているとすれば,ここでの問題とはまったくちがった問題に答えているのである」と。宮沢によれば,もし仮にノモス主権が承認されたとしても,そのノモスの具体的な内容を最終的にきめるのは誰か,という問題が残るとされます。そして,その「誰か」こそが主権の主体であり,「国民主権」においては,それは「特別の資格をもった君主というような人間ではなくて, Jedermann（すべての人）である」とされるのです。こうした議論に基づいて,天皇主権は国民主権と両立せず,前者から後者への移行をもって,「国体の変革と呼ぶのが,言葉の使い方として,自然だとおもう」と結論づけています。

2人の議論は，十分にかみ合ったものとはいえません。同じく主権概念について論じていながら，両者は，おそらくこのことは自覚したうえでのことだと思いますが，議論の「土俵」を異なる次元に設定しているからです。宮沢が，いずれも実定憲法である明治憲法と日本国憲法のそれぞれ内部における，あるいは少なくともそれとの関わりでの主権を問題にしているのに対して，尾高は，それら両憲法を超えたところにあり，かつそれらを拘束するものとしての主権を論じているからです。憲法学者の多くは，宮沢の議論に軍配を上げました。それは，彼の「土俵設定」のほうが尾高のそれよりも，論争当時の問題状況，すなわち「日本国憲法における天皇制をどのように考えるか」に照らせば，より適切であったと評価したからです。その後の主権論は，宮沢説を通説的見解として位置づけ，その枠内でそれを深化させるという方向で展開されたといってよいでしょう。天皇制論も，基本的にはこうした主権論のありようをふまえて展開されました。

2．象徴天皇制

(1) 天皇の地位

　明治憲法は，「大日本帝国ハ万世一系ノ天皇之ヲ統治ス」（1条），そして「天皇ハ国ノ元首ニシテ統治権ヲ総攬」（4条）すると定め，天皇に主権が存することを謳っていました。また，その地位の根拠については，天照大神の意思，すなわち「神勅」に求められていたのです。これに対して，日本国憲法における天皇制は，その地位の根拠を「主権の存する日本国民の総意に基く」（1条）とし，また，天皇の権能については，国政に対する実質的な決定権をもたない形式的・儀礼的な「国事に関する行為のみを行」（4条）うと定められました。日本国憲法の天皇制は，明治憲法におけるそれとは著しく性格を異にしていると解する必

要があります。

　もう少し具体的に見てみましょう。日本国憲法は，先に見たように，１条で「天皇は，日本国の象徴であり日本国民統合の象徴」であると規定しています。これによって，天皇の地位は象徴のそれに限定され，天皇主権は明確に否定されました。このことに関わって，日本国憲法における天皇の地位について，それが「君主」あるいは「元首」であるのかが議論されることがあります。天皇は君主でしょうか。君主の存否は，「共和制」と「君主制」の区分に密接に関わります。君主制の標識としては，①独任機関であること，②その地位が世襲であること，③統治権の担い手であること，④対外的に国を代表する地位・権限をもつこと，の４つが挙げられることが一般的です。明治憲法における天皇は以上の４つの要素をすべて満たしていると解することができるのに対して，日本国憲法におけるそれは①②の要素は満たしているものの，③④の要素を欠いています。したがって，明治憲法におけるのと同じ意味で，日本国憲法における天皇を君主ということはできません。ただし，①②の要素をもって，君主の必要十分条件とする考え方もあります。実際，日本政府は，天皇をこのような意味で君主と解しうるとして，日本国を「立憲君主制」国であると外国に対して説明しているようです。

　では，日本国憲法における天皇は，元首なのでしょうか。明治憲法は，先に指摘したように，天皇が元首であることを明言していました（４条）。ところで，元首については，一般に，上で見た君主の標識の③④の要素を満たしていることが必要だと解されています。共和制の国では，大統領が元首として位置づけられています。いずれにしても，③④の要素を欠いている象徴天皇を元首であると解することはできません。もし元首であると解した場合，天皇は，アメリカやフランスにおける大統領と同じ存在になることになりますが，それは国際的に大きな誤解を

招くことになりかねません。

（2）皇位の継承

　天皇の地位，すなわち皇位の継承について，日本国憲法は，世襲の原則を定めるだけで（2条），詳細は皇室典範にゆだねています。「世襲」とは，ある地位に就く資格が特定の系統に属する者に限定されていることを指しますが，皇位継承の場合には「血統」を意味することになります。また，皇室典範は，生前退位制を認めず，皇位の継承者を男系の男子に限定しました（4条，1条）。皇位継承の順位については，直系＝長系主義が採用されています（2条）。

　ここには，現在の西欧君主制国における王位継承のありようとの違いを見ることができますが，女王の可能性を含め，皇室典範の定めた継承に関する諸原則には議論の余地が残されています。とくに，皇室典範が女性天皇を認めていないことについては，その合憲性をめぐって根強く議論がなされてきました。憲法が定めている平等原則（14条1項）に違反して違憲であるとする見解も存在しますが，立法政策上許容されているとする考え方のほうが有力であるように思われます。そこでは，そもそも世襲の天皇制自体が平等原則の例外である以上，皇位継承のあり方についても，平等原則の適用は必ずしも要請されないと考えられています。

　なお，日本国憲法の下での皇室典範は，明治憲法のそれ（「皇室典範ノ改正ハ帝国議会ノ議ヲ経ルヲ要セス」〔74条1項〕）とは異なって，国会の議決する法律の1つですから，通常の法律制定改廃手続で変更することが可能であることに注意が必要です。したがって，皇位継承をめぐる諸問題については，民意をふまえた国会の場での議論が重要となります。

(3) 天皇の権能

　日本国憲法は，天皇の権能およびその行使方法についても厳しい枠をはめています。先に見たように，日本国憲法は，「天皇は，この憲法の定める国事に関する行為のみを行い，国政に関する権能を有しない」と規定しています（4条1項）。憲法が象徴天皇制を採用していることからすれば，このような規定の存在はある意味で当然のことといえるでしょう。国事行為の具体的な内容は，6条と7条で定められています。

　そこでは，次のような行為が挙げられています。①内閣総理大臣の任命（6条1項），②最高裁判所長官の任命（6条2項），③憲法改正，法律，政令および条約の公布（7条1号），④国会の召集（7条2号），⑤衆議院の解散（7条3号），⑥国会議員の総選挙の施行の公示（7条4号），⑦国務大臣および法律の定めるその他の官吏の任免ならびに全権委任状および大使および公使の信任状の認証（7条5号），⑧恩赦の認証（7条6号），⑨栄典の授与（7条7号），⑩批准書および法律の定めるその他の外交文書の認証（7条8号），⑪外国の大使および公使の接受（7条9号），⑫儀式を行うこと（7条10号）です。

　そして，それらは，いずれも実質的な決定権を含まない名目的・儀礼的なものと解されています。なお，天皇の国事行為には内閣の助言と承認が必要とされ，国事行為に不都合があった場合には，内閣が国会に対し連帯して責任を負わなければなりません。3条が，「天皇の国事に関するすべての行為には，内閣の助言と承認を必要とし，内閣が，その責任を負ふ」と定めているからです。

　また，憲法は，「国事行為の代行」に関わる2つの制度を定めています。「摂政」と「国事行為の臨時代行」です。前者については，「皇室典範の定めるところにより摂政を置くときは，摂政は，天皇の名でその国事に関する行為を行ふ」（5条）と規定し，天皇の意思によらない法定

代行制度として摂政制度を設けています。他方で，憲法は，「天皇は，法律の定めるところにより，その国事に関する行為を委任することができる」（4条2項）と規定し，天皇の意思に基づく委任代行を認めています。この規定を受けて制定されたのが，「国事行為の臨時代行に関する法律」です。

　天皇が，以上に概観した国事行為のほかに，大相撲見物のような純粋に私的な行為を行うことについて争いはありません。しかし，設問にある「国会の開会式でおことばを述べる行為」のように，一方で，国事行為に該当するか否かが明確でなく，他方において，公的な性格を有することを否定することのできない行為が存在します。

　このような行為を天皇がなしうるかについては，見解が分かれています。学説は，「二分説」と「三分説」に大別することができます。二分説とは，天皇の公的行為は天皇が国家機関として行う国事行為に限定され，それ以外の行為はすべて私的行為に当たるとする考え方です。二分説は，更に2つに分けられます。「おことば」等の公的色彩を有する行為を一切認めない否定説と，これらの行為を「国事行為」に関連づけることによって正当化する肯定説とがあるのです。

　これに対して，三分説は，天皇の行為を国事行為・公的行為・私的行為の3つに区分したうえで，「おことば」等の行為を公的行為に位置づけ，憲法に反しないと考えるものです。三分説も，理由づけを異にする2つの考え方に分けることができます。象徴的行為説と公人的行為説です。前者の考え方によれば，天皇は国事行為を行う国家機関としての地位と並んで「象徴としての地位」を有しているので，この地位を根拠として，それに相応しい公的行為を行うことが認められるべきであるとされます。後者の公人的行為説は，一定の高い地位にある公務員等には，法的権限ではないけれども，純粋な私的行為ともいえない儀式的・儀礼

的行為を行うことが社会的に認められているはずだというものです。よく引き合いに出される例は，知事が高速道路の開通式でテープカットをするような行為です。公人的行為説によれば，天皇の公的行為も，天皇が公人であることにともない，社会的に期待される儀式的・儀礼的行為として正当化されることになります。

　実務および学説の有力な考え方は，天皇の「象徴たる地位」を超えない限りでこれを公的行為として認めるというものですが，いずれにしても慎重な検討が必要な問題です。日本国憲法における天皇制は，あくまでも国民主権に適合するように定められたものですから，それに適合するように解釈運用していかなければならないでしょう。

3．平和主義

（1）平和的生存権

　日本国憲法は，人類が未曾有の大量殺戮と破壊とを経験した第2次世界大戦が終結した後に制定された憲法です。したがって，当時の人々があまねく抱いたであろう平和に対する願望が，日本国憲法のそこかしこに現れていたとしても何ら不思議ではありません。実際，憲法は，前文で「日本国民は，恒久の平和を念願し，人間相互の関係を支配する崇高な理想を深く自覚するのであつて，平和を愛する諸国民の公正と信義に信頼して，われらの安全と生存を保持しようと決意した。われらは，平和を維持し，専制と隷従，圧迫と偏狭を地上から永遠に除去しようと努めてゐる国際社会において，名誉ある地位を占めたいと思ふ。われらは，全世界の国民が，ひとしく恐怖と欠乏から免かれ，平和のうちに生存する権利を有することを確認する」と規定し，平和に対する思いと国際協調への強い決意とを宣言しています。憲法の「戦争放棄」条項（9条）について解釈する際には，このことがふまえられていなければなり

ません。

　先に挙げた前文の最後に出てくる「平和のうちに生存する権利」（＝「平和的生存権」）の性質については，憲法の平和主義との関連で様々に議論されてきました。そうした議論を通じて，次のような考え方が通説的な理解になったとされています。つまり，前文も憲法の一部である以上法規範性は肯定されるが，裁判所が裁判で直接適用しうる規範という意味での裁判規範性は認められないとするものです。しかし，ここで触れておきたいのは，「平和的生存権」の「国際性」についてです。別言すると，日本国憲法における平和的生存権を，「国内的次元」においてではなく，「国際的次元」で考えてみたいということです。

　国際社会において，「平和的生存権（right to peace, right to live in peace）」という概念が明確な形で登場してくるのは，1970年代，それも後半になってからでした。平和的生存権に初めて明示的に言及した国連機関の決議は，1976年の人権委員会決議5でした。そこでは，「すべての人は，国際的平和と安全の条件のもとに生きる権利，及び経済的・社会的・文化的権利並びに市民的・政治的権利を完全に享受する権利を有する」ことが宣言されていました。次いで，1978年には，国連総会が，「平和的生存への社会的準備に関する宣言」を決議し，「すべての国と人は，人種，信条，言語又は性のいかんにかかわらず，平和的生存の固有の権利を有する」ことを宣言しました。更に総会は，1984年の「人民の平和への権利に関する宣言」において，「地球上の人民が，平和への神聖な権利を有することを厳粛に宣言」しています。

　しかし，いまだこの権利を明示的に承認した条約はありません。したがって，法的拘束力を有するものとして位置づけられてはいないことに注意が必要です。ただし，平和的生存権論が，日本国憲法に特殊な議論ではなく，諸外国においても，あるいはまた国際機構のレベルにおいて

も少なからず展開されていることから,「国際性」を有する議論であることを確認する意味は大きいように思われます。日本国憲法における平和主義は,このように位置づけられる,前文の平和的生存権を土台に組み立てられているからです。

(2) 憲法9条の含意

　日本国憲法は,9条1項で,まず「日本国民は,正義と秩序を基調とする国際平和を誠実に希求し,国権の発動たる戦争と,武力による威嚇又は武力の行使は,国際紛争を解決する手段としては,永久にこれを放棄する」と定め,次いで2項で,「前項の目的を達するため,陸海空軍その他の戦力は,これを保持しない。国の交戦権は,これを認めない」と規定しています。

　日本国憲法の条文の中で,従来その解釈をめぐって最も激しい議論が行われてきたのは,9条ではないでしょうか。解釈を分ける文言・ポイントは,細かく見ると数多くありますが,ここでは,2点に注目しておきたいと思います。

　1つは,1項の「国際紛争を解決する手段としては……これを放棄する」という表現です。国際法では,不戦条約などで「国際紛争解決のため」の戦争の否定が規定されたことに基づいて,戦争の違法化が試みられてきたのですが,そこで違法とされたのは自衛のための武力行使ではなく,広い意味での侵略戦争であると一般には解されていました。先に言及した9条1項の表現を,このような国際法上の用語法と同じように理解すると,そこで放棄されているのは基本的には侵略戦争にとどまり,自衛のための武力行使は放棄されていないということになります。「限定放棄説」と呼ばれる考え方です。これに対して,「国際紛争を解決する手段としては」という表現は,放棄される戦争等の範囲を限定する

意味はもたないという説も主張されています。「完全放棄説」です。

　2つ目のポイントは、2項の冒頭に出てくる「前項の目的を達するため」という、いわゆる「芦田修正」と呼ばれる表現の解釈です。一方に、「9条全体の目的」、すなわち「日本国民は、正義と秩序を基調とする国際平和を誠実に希求」することを指すと解する考え方があります。しかし他方で、問題の表現は、「侵略戦争を放棄する目的」を意味していると解する考え方も存在しています。この考え方に立つ論者の多くは、1項について自衛戦争は放棄されていないという立場を採ったうえで、2項の「前項の目的を達するため」とは侵略戦争のための戦力は保持しないことを意味するにとどまると解しています。この立場からすると、「自衛のための戦力」を保持することは憲法上禁じられていないことになり、自衛隊はまさしくこのような意味での「自衛戦力」であるから、9条に違反しないと考えられることになります。

　実は、従来、政府が採ってきている9条解釈はこのようなものではありません。9条は、1項で侵略戦争を放棄しつつ、2項で外敵と戦うための実力組織である軍隊＝「戦力」を全面的に保持しないことを定めていると解しているのです。そして、ここまでの議論は、自衛隊を憲法違反と考える学説における有力な議論と同じです。では、政府解釈と学説の有力説を分けているものは何でしょうか。それは、「戦力」の理解の違いです。政府はこの概念を狭く解するのに対して、学説は広く理解しています。政府解釈によれば、あらゆる主権国家は他国からの侵略に対して自国を防衛する自衛権を有しているが、そうだとすれば「自衛のための実力組織」をもつことは認められるはずであり、憲法が保持を禁ずる「戦力」とは、「自衛のための必要最小限度の実力」を超えるものであるとされています。このような考え方に基づいて、政府は、自衛隊は違憲ではないと説明しているのです。これは、「自衛戦力合憲論」では

なく,「自衛力合憲論」と呼ばれるものです。

問題は,このような議論で,はたして今日の自衛隊という存在(＝軍事組織)を正当化できるかです。そしてまた,自衛隊に対して新たに担わせられつつある役割は,以上の正当化のための論理で説明できるでしょうか。PKO(国連の平和維持活動)への参加やイラクへの派遣などの行為を,「自衛力」概念だけで説明するのは難しいように思われます。全世界の国民の「平和的生存権」について言及している前文の趣旨からすれば,たしかに日本国民が世界の平和に無関心であってはならないことは明らかです。しかし,そのことと軍事的組織の存在を認め,それを海外に派遣することとは別問題です。日本国憲法における平和主義と国際協調主義との結びつけ方が問題となるように思われます。

コラム②　皇室経費

日本国憲法は,天皇制のあり方そのものの変化に対応して,皇室経費に対する国会のコントロールの範囲を著しく広げました。明治憲法の下では,皇室に関する財政の面でもその自律主義が大幅に認められていました。皇室には「御料」と呼ばれる膨大な私有財産が認められると同時に,皇室経費についても,それが増額される場合を除いて議会の関与は認められていなかったのです。これに対して,日本国憲法は,88条で皇室財産の国有財産への移管と皇室費用に対する国会の議決を定め,また8条では,皇室の財産授受行為に対して国会の議決を義務づけています。

なお,皇室経済法によれば,「予算に計上する皇室の費用」は次の3つに区分されています。内廷費,宮廷費,皇族費です。順に簡単に見ておくことにしましょう。内廷費は,「御手元金」とも呼ばれているもの

ですが,「天皇並びに皇后,太皇太后,皇太后,皇太子,皇太子妃,皇太孫,皇太孫妃及び内廷にあるその他の皇族の日常の費用その他内廷諸費に充てるもの」(皇室経済法4条1項)です。宮廷費は,「内廷諸費以外の宮廷諸費に充てるもの」(皇室経済法5条)とされています。最後に皇族費ですが,これは「皇族としての品位保持の資に充てるために,年額により毎年支出するもの及び皇族が初めて独立の生計を営む際に一時金額により支出するもの」と「皇族であつた者としての品位保持の資に充てるために,皇族が皇室典範の定めるところによりその身分を離れる際に一時金額により支出するもの」(皇室経済法6条1項)をいいます。

参考文献

芦部(高橋補訂)・憲法〔第5版〕,pp.39-71
佐々木高雄「戦力と自衛隊」大石=石川・争点,pp.52-55
武永淳「天皇の公的行為と国事行為」大石=石川・争点,pp.50-51
土屋英雄「皇位の継承」大石=石川・争点,pp.48-49
野中他・憲法Ⅰ〔第5版〕,pp.81-197
長谷部・憲法〔第5版〕,pp.55-84
藤野美都子「国民主権と象徴天皇制」大石=石川・争点,pp.44-45
毛利他・憲法Ⅰ,pp.67-82,pp.101-161
結城洋一郎「君主と元首の概念」大石=石川・争点,pp.46-47
渡辺康行「主権の意味と構造」大石=石川・争点,pp.16-19

3 選挙制度と政党

《設　問》 Xは，2009（平成21）年に実施された衆議院議員総選挙で，A政党所属議員として比例代表により選出されました。しかしその後，A政党が消費税に関する政策を大きく変更したことに納得できず離党を検討しましたが，2000（平成12）年4月に改正された法律（公職選挙法・国会法）が，衆参両院ともに比例代表選出議員について，自発的離党か除名かの別を問わず，選挙当時に存在していた他の政党に移動した場合には議員資格を剥奪すると定めていたので（公選99条の2，国会109条の2），Xは，仕方なく無所属議員となることを選びました（選挙時に存在しなかった新党に参加することも可能です）。

こうしたXの行動と深く関わっている，党籍変更議員の失職制度に憲法上問題がないかについて検討してください。

《目標・ポイント》 本設問は，選挙制度および政党の憲法的位置づけと密接に関わっています。選挙制度と政党は，憲法の，とくに統治の仕組みを構成する最も重要な要素といってよいでしょう。議会制民主主義が実際にどのように機能し，またどのような姿を示すかは，それらのあり方によって大きく左右されるからです。ところが，選挙制度と政党に関する憲法上の規定が少ないこともあって，必ずしも憲法論として十分な議論がなされてきたわけではありません。しかし，統治の仕組みと運用を正確に理解するためには選挙制度や政党のあり方に関する厳密な考察が必要であるとともに，統治機構がよりよく機能するためにはそれらに関わる諸問題を適切に解決することが不可欠です。ここでは，このような問題背景をふまえながら，選挙制度と政党に関する憲法論について学ぶことを通じて，設問の解答を探究することにしましょう。

《キーワード》 多数代表制，少数代表制，比例代表制，小選挙区比例代表並立制，政党国家，党籍変更議員の失職制度

1. 選挙制度の分類

(1) 選挙区制と代表方法

　憲法の多くの教科書では，まず選挙区制度の説明がなされ，次に代表方法に関する整理が行われています。しかし，ここでは，代表方法の分類を説明する中で，選挙区制度の整理を行うことにします。そのほうが，両者の関係がより分かりやすくなるように思われるからです。では，多数代表制，少数代表制，比例代表制，混合制の順に見ていくことにしましょう。

(2) 多数代表制

　多数代表制とは，選挙区の多数派によって選挙区の選出議員が独占されるような制度のことを指します。各選挙区から1人の議員を選出する小選挙区制が，この制度に属する代表的なものです。なお，小選挙区制には，1回投票の相対多数で当選者を決めるものと，1回目に絶対多数を要求することによって決選投票を行うものとがあります。前者を採用する代表的な国がイギリスです。これに対して，小選挙区2回投票制と呼ばれる後者は，フランスの選挙制度を特徴づけてきたものです。また，1つの選挙区から2名以上の議員を選出する大選挙区制の下でも，選挙人が議員定数と同じ数の候補者に投票することのできる完全連記制の場合には，多数代表制に位置づけられることになります。

　小選挙区制に代表される多数代表制については，多数派が議席を独占することが可能となるので，議会に民意が正確に反映されないとの批判が提起される一方で，選挙でのより直接的な政権選択の可能性を高める利点があるという指摘もなされています。二大政党制が存在している場合や政党が二大ブロック化している場合には，どちらかが過半数の議席

を獲得することが容易になると考えられるからです。

（3）少数代表制

　少数代表制とは，少数派にも当選者を出す可能性の存する制度を意味します。大選挙区制限連記投票制や大選挙区単記投票制が代表的なものです。ちなみに，1994（平成6）年に公職選挙法が改正されるまでわが国の衆議院議員選挙で用いられていた，いわゆる「中選挙区制」は大選挙区単記投票制の日本的な呼び方です。

　わが国では，戦前から，府県全体を選挙区とする場合を「大選挙区」，府県をさらに分けて，各選挙区から3名ないし5名の議員を選出する場合を「中選挙区」と呼んできました。1つの選挙区から2名以上の議員を選出する選挙区のあり方を大選挙区制と解している外国では，中選挙区制という概念そのものがありません。

　中選挙区制については，得票率と議席獲得率の関係では比例代表制に準じた比例性が確保されるといった高い評価がある一方で，選挙がどうしても個人本位となりがちなので，政策や政権の選択をめぐる争いとならないなどの短所が指摘されていました。与党と野党の固定化にともなう政権交代の欠如という現象も短所の1つとして挙げることができるでしょう。1994年の選挙制度改革の背景には，こうしたマイナス面をめぐる議論があったのです。

（4）比例代表制

　比例代表制は得票率に比例する形で議席を与えようとする制度ですが，実に様々な方式が考えられています。投票方法，当選基数の決定方法，当選者の決定方法などの組み合わせ方しだいで，300から400種類の方式を考えることができるといわれています。

投票方法については，大別して，単記移譲式と名簿式の2つがあります。まず単記移譲式ですが，これは，単記で行われた投票について，当選基数，すなわち当選のために必要かつ十分な得票数を超える票を，選挙人の指定する順序に従って他の候補者に順次移譲する方式です。かなり複雑な選挙方法です。イギリスの植民地などで採用された経緯から，イギリス式比例代表制とも呼ばれています。

　これに対して，名簿式比例代表制はヨーロッパ大陸の国々で用いられている例が多いのですが，選挙人が政党の作成した候補者名簿に対して投票するものです。この方式では，まず各政党が提出した名簿の得票数を算出し，次にそれを当選基数で除して得られた商により各党に対する議席の配分が行われます。なお，各政党名簿に配分された議席数の範囲内で誰を当選者とするかについては，名簿の拘束度に応じて，拘束式と非拘束式の二通りの方法があります。設問で問われている党籍変更議員の失職制度は，以上に概観した名簿式比例代表制を前提にした問題です。

　比例代表制については，民意のより正確な反映という観点から高く評価される一方で，それのもたらす多党制との関わりで政治の不安定化に対する懸念が根強く表明されてきました。

(5) 混合制
　最近，小選挙区制と比例代表制とを組み合わせた選挙制度が注目されるようになっています。ただ，組み合わせ方の違いに注目しておく必要があります。まったく異なった制度と理解したほうがよい場合があるからです。

　このタイプに位置づけられるものの1つとして，ドイツで用いられている併用制があります。この制度は，比例代表選挙の得票結果に基づい

て各政党の当選者数を確定したうえで，その配分された議席を小選挙区の当選者に対して優先的に与えていくものです。各政党への議席配分が比例代表制に基づいて行われることからすると，実質的には比例代表制といってもよいでしょう。

　併用制と区別されるものとして，並立制があります。これは，議員総数を小選挙区で選出するものと比例代表で選ぶものとにあらかじめ分けたうえで選挙を行うものです。したがって，小選挙区で選出する議員の割合が高くなればなるほど，比例代表制の効果は薄められることになります。実質的には比例代表制である併用制とは著しく性格を異にしています。すぐ後で少し詳しく見るように，日本の現行選挙制度（2013年3月現在）は，この並立制を基本にしています。

2．日本の現行制度

(1) 衆議院議員の選挙制度

　衆議院議員選挙については，戦後長らく中選挙区制が用いられてきましたが，1994（平成6）年の公職選挙法改正により，いわゆる小選挙区比例代表並立制が採用されました。

　現在の法律では総定数は465です。そのうち，小選挙区が289，比例代表が176（全国11ブロック）となっています。有権者は，小選挙区では投票用紙に候補者名を，比例代表については政党等の名称または略称を自書し，それぞれ1票ずつ，計2票を投票します。比例代表選挙で拘束名簿式の方法が用いられていることにも示されているように，政党本位の選挙が目指されており，政党以外は小選挙区において政見放送を行うことができないなど，政党重視の姿勢は選挙運動の面にも現れています。また，政党候補者に限ってですが，小選挙区と比例代表への重複立候補が認められ，小選挙区選挙で落選しても比例選挙で当選する道が残

されています。この制度については，外国にもあまり例がないこともあって，批判の多いところです。

　いずれにしても，衆議院議員選挙で用いられている拘束名簿式比例代表制においては，有権者は政党に投票するのであって候補者個人に投票するものではありません。したがって，候補者は政党名簿に登載されて初めて当選の可能性があるといえ，当選者が当選した後に所属政党を変更することは，有権者の投じた票に反する行為であることは間違いないでしょう。党籍変更議員の失職制度は，こうした考えを1つの根拠にしています。

（2）参議院議員の選挙制度

　参議院議員の選挙制度については，二院制との関わりで，憲法制定当初から多様な議論がなされてきました。かつては，いわゆる「全国区制」が用いられていましたが，この制度については，「銭酷区」あるいは「残酷区」といった批判が常に投げかけられていたところ，1982（昭和57）年にそれに代わって拘束名簿式の比例代表制が導入されました。ところが，先に概観したように，衆議院議員選挙にも拘束名簿式の比例代表制が導入されたので，二院制の趣旨からすると不適切ではないかとの意見が強まり，制度の見直しが行われることになりました。こうして，2000（平成12）年に，拘束式から非拘束式への変更が行われたのです。

　現在，参議院議員の選挙は，「全都道府県の区域を通じて」行われる非拘束名簿式比例選挙と各都道府県を単位とする選挙区選挙の二本立てで実施されています。総定数は242ですが，その内訳は選挙区選挙が146，比例選挙が96となっています。なお，参議院の選挙は，3年ごとに定数の半分を改選する方式で行われます（憲法46条）。

こうした制度のあり方に対しては，全国区制の復活ではないか，あるいはいわゆるタレント候補による大量得票をねらった政党隠しの制度ではないか，といった批判が提起されています。しかしより根本的な問題は，憲法の定めている二院制のあるべき姿からすると，両院の現行選挙制度はそれに適合したあり方といえるのかという点にあるように思われます。選挙制度の憲法論が問題となるゆえんです。

3．選挙制度の憲法論

(1) 最高裁判所の考え方

日本国憲法は，47条で，「選挙区，投票の方法その他両議院の議員の選挙に関する事項は，法律でこれを定める」と規定して，選挙制度に関する事項を法律事項としています。では，制度の具体化をゆだねられた立法府には，立法に当たってどのような裁量の余地が認められるのでしょうか。裁量の限界が問題となります。

この点，最高裁判所は，憲法は「両議院の議員の各選挙制度の仕組みの具体的決定を原則として国会の広い裁量にゆだねている」と解しています（Ⅰ最大判平成11・11・10民集53巻8号1577頁，Ⅱ最大判平成11・11・10民集53巻8号1704頁）。ただし，違憲となりうる余地を完全に否定しているわけではありません。全国民の代表や法の下の平等などの「憲法上の要請に反するため国会の右のような広い裁量権を考慮してもなおその限界を超えており，これを是認することができない場合に，初めて憲法に違反することになる」と述べているからです。広い裁量権を立法府に認めたうえで，かなり例外的な場合にのみ，違憲と判断することができるとしているのです。

実際に，最高裁判所は，こうした考え方を前提にして，1999（平成11）年判決で，1994（平成6）年に採用された小選挙区比例代表並立制

を憲法違反ではないと判断しました。つまり，小選挙区制について，「選挙を通じて国民の総意を議席に反映させる一つの合理的方法ということができ」ると指摘する一方で，拘束名簿式比例代表制については，「政党等にあらかじめ候補者の氏名及び当選人となるべき順位を定めた名簿を届け出させた上，選挙人が政党等を選択して投票し，各政党等の得票数の多寡に応じて当該名簿の順位に従って当選人を決定する方式は，投票の結果すなわち選挙人の総意により当選人が決定される点において，選挙人が候補者個人を直接選択して投票する方式と異なるところはない」と述べて，合憲性を認めています。

（2）学説における議論

　学説における議論では，選挙制度を評価する視点として，どのような代表観を憲法が想定しているのかが問題とされています。「全国民の代表」（憲法43条）について民意の公正忠実な反映を重視するならば，比例代表制が高く評価されることになるでしょう。学説では，どちらかといえばこうした考え方が有力です。これに対して，近時，国民による政権あるいは政策の選択を重視した代表観や議院内閣制の運用を説く「国民内閣制」論の観点から，必ずしも比例代表制を高く評価しない議論も現れています。

　ある特定の選挙制度，たとえば小選挙区制を憲法違反とする考え方もないわけではありませんが，学説も，一般的には選挙制度の具体化に当たっては立法府の裁量を認めざるをえないことを肯定しています。そのうえで，代表観，選挙権の平等，更には国会と内閣の関係のあり方などとの関わりにおいて，選挙制度の問題を考えようとしているのです。そしてその際に，最高裁判所よりは，「憲法上の要請」を強めに解する考え方が有力です。

4．憲法と政党

（1）政党国家論

　今日，政党は，憲法によって秩序づけられた政治過程において不可欠の構成要素となっています。政党を抜きにして，一国の統治のあり方を正確に理解することは不可能です。その意味で，現在の国家は，多かれ少なかれ政党国家的特徴をもっているといえます。なお，政党国家とは，政党が，国家意思の形成や決定において，実質上主導的な役割を果たしているような国家を指します。

　こうした政党国家の出現は，普通選挙制の確立と深く関わっています。つまり，普通選挙制の実現によって，一般大衆が主体として政治の舞台に登場することになりますが，そうした大衆と国の政治とをつなぐパイプの存在がどうしても必要になるからです。組織の整った政党の出番です。したがって，政党国家は，普通選挙制の実現にともなう大衆デモクラシーの成立とそれが要求した大衆政党の出現とによって現実化したといえるでしょう。

（2）政党国家の諸特徴

　わが国の政党研究に大きな影響を与えた外国の憲法学者の1人に，G・ライプホルツがいます。彼によれば，政党国家には，以下のような特徴が見られるとされます。

　第1に，政党国家は現代の広域国家における「直接民主制の代用品」であるということがあります。政党国家的民主政が機能している場合，政府や議会においてその時々に多数派を形成している政党の意思が，「一般意思」と同一視されるからです。第2に，議会のあり方が変化します。政党国家においては，議会は自由な討論に基づく決定の場として

の本来の性格を失って，他の場所（党委員会や党会議）で既に下された決定を記録するために党規律にしばられた政党の受任者が集まる場に過ぎなくなってしまうのです。第3に，議会のあり方の変化にともなって議員のあり方も変化します。今日の議員は，19世紀的な議会制の下で考えられたような全国民の代表者として自由かつ独立に行動する議員ではなく，少なくとも議場では政党の単なる員数に過ぎなくなるのです。そして第4に，選挙制度のあり方も変化します。個人本位の選挙制度から政党本位の制度への変化です。現在の議員は，多くの場合，その人格や特別の才能によってではなく，特定の政党に所属していることを理由に議会に送られているように思われます。

　私たちが現在目にしている政治の風景はこうしたものではないでしょうか。そして設問における問いの前提には，こうした政党国家的現象の出現が存在しているのです。

（3）政党国家と近代憲法原理

　政党国家と近代憲法原理との間には緊張関係が存在します。たとえば，いわゆる命令的委任の禁止の原則（「全国民の代表」としての議員）と政党国家的民主政のあり方との間がそうです。また，政党国家の成立にともなう権力分立制の変容の問題もあります。順序は前後しますが，後者の問題から検討することにします。

　権力分立制の変容とはどういうことでしょうか。この点についてはすでに第1章で簡単に見たところですが，立法権と行政権との間の権力分立の変容のことです。一般に，大統領制はより厳格な分立，これに対して議院内閣制は柔軟な権力分立として類型化されてきました。ところが，そこに政党のありようが組み込まれると，様相はかなり異なったものとなります。規律のとれた政党が議会で多数を占めている場合，議院

内閣制の下で，首相は強力なリーダーシップを発揮することができるはずです。また，大統領が議会で多数を占めている政党と同じ政党に属している場合には，大統領が政治の主導権を握ることになるでしょう。つまり，権力分立制の類型の違いにもかかわらず，政党のあり方しだいで似た姿を示すことになるのです。

　こうして，立法権と行政権との間の権力分立の実質的なありようは，政党の数，内部構造，更には規律の強さなどによって左右されることになります。そうすると，効果的な権力分立を実現するためには，政党相互間，すなわち与党と野党との間の権力分立が重要になってきます。いずれにしても，政党国家の進展は，近代憲法原理のいくつかに絶えず再検討を迫っているといえるでしょう。

　命令的委任の禁止の原則とは，議員は，選挙人，政党その他何人の指図にも拘束されることなく，自由かつ独立に行動すべきであるということです。この原則は，「近代憲法の鉄則」として，数多くの憲法で採用されています。日本国憲法も例外ではありません。43条1項の「全国民の代表」は，その趣旨を含んでいると解されています。

　この原則と議会や議員が政党によって支配されるという政党国家の特徴との関係については，どのように理解したらよいのでしょうか。二者択一的に考えるのは妥当でないでしょう。調和的解釈が必要です。緊張関係が現れる具体的な問題にそくして，両者の調和的な接点が求められなければならないように思われます。設問の解答もまさにこうした調和的な接点の探究に深く関わっています。

(4) 党籍変更議員の失職制度の合憲性

　比例代表選出議員が，所属政党から除名されたり，あるいは別政党に自発的に移動したりした場合に，議員資格を剥奪する制度は憲法に反し

ないでしょうか。学説は，大別して，3つに分かれています。議席保持説（＝違憲説），議席喪失説（＝合憲説），折衷説です。

議席保持説は，議員が「全国民の代表」であることを強調することによって，除名と自発的移動の別を問わず，議員資格の剥奪は憲法上禁止されていると解するものです。党籍変更は有権者への裏切りであるとする見方もありますが，この説によれば，それは政治的・道義的な責任の問題と解され，責任追及は次の選挙で問われることになります。

議席喪失説は，議席剥奪を憲法に反しないと考えるものです。この説では，比例代表選挙，とくに拘束名簿式の場合には有権者が政党に対して投票していることを前提に，議席剥奪制度は，有権者の意思と議会の意思の一致を確保するものとして積極的に評価されることになります。

両説の中間に位置づけられるのが折衷説です。この説の特徴は，自発的な離党と除名とを区別するところにあります。つまり，自発的な離党の場合には，自らの責任で選挙当時示された有権者意思から離脱していることを考慮して，議席剥奪は許容されると解するのに対して，除名の場合の議席剥奪は，政党の側の責任と議員が「全国民の代表」であることとを強調することによって憲法上許されないと考えられています。

議員の離党の背景には様々な事情が存在しています。議員の側にもっぱら問題がある場合もあれば，政党の側に責任がある場合もあるでしょう。そうした事情や理由を考慮することなしに，一刀両断的に結論を出すのは妥当でないように思われます。その意味で，折衷説的なアプローチを許容するような制度設計が望まれます。

コラム③　H・トリーペルの4段階説

　政党は，憲法秩序においてどのような地位を占めてきたのでしょ

か。H・トリーペルは，1928年に公表した論文（「憲法と政党」）の中で，4つの段階に分けて考察しています。第1に敵視，第2に無視，第3に承認および法制化，そして第4に憲法的編入です。順に見ていくことにしましょう。

　古典的議会主義の時代には，議員の国民代表たる性格が強調され，全体的視野からの議論が重視されたので，私的利害から発生し部分的利益を追求すると考えられた政党は，立憲政治を危うくするものと見なされました。いわゆる敵視の段階です。ところが，議会政治の定着と選挙権の拡大にともなう政党国家的現実の展開は，憲法を頂点とする国法秩序をして徐々に政党に対する敵視の態度を改めさせ，それを放任するようになります。無視の段階です。

　その後も政党国家的状況は進展し，何人もこれを否定もしくは無視することは不可能な段階に至ります。こうして，法律，命令，議院規則などにおいて，政党や院内会派の存在が認められるようになるのです。承認および法制化の段階です。更に，第2次世界大戦後に制定された憲法典の中には，政党国家的現実を率直に認めて，政党条項を編入するものが現れました。当時の西ドイツ，イタリア，フランスの憲法がその例です。憲法的編入の段階に突入した現れとされています。

　日本国憲法は，政党について，直接的には何も言及していません。憲法上は，「結社」（21条1項）の1つとして保障されていると考えられています。しかし法律のレベルでは，他の多くの国々と同じように，政党の存在を明示的に容認しています。そのことは，国会法，公職選挙法，政治資金規正法，更には1994（平成6）年の政治改革にかかわる一連の立法を見れば明らかです。

　また，憲法秩序における政党の存在は，判例でも認められているところです。最高裁判所は，いわゆる八幡製鉄政治献金事件判決の中で，次

のように述べています。「憲法は政党について規定するところがなく，これに特別の地位を与えてはいないのであるが，憲法の定める議会制民主主義は政党を無視しては到底その円滑な運用を期待することはできないのであるから，憲法は，政党の存在を当然に予定しているものというべきであり，政党は議会制民主主義を支える不可欠の要素なのである」(最大判昭和45・6・24民集24巻6号625頁)。政党の憲法的位置づけが的確に指摘されています。以上のような憲法，法律，判例の態度からみると，わが国の憲法秩序はトリーペルの第3段階，すなわち承認および法制化の段階にあるといえるでしょう。

参考文献

芦部（高橋補訂）・憲法〔第5版〕，pp.280-282, pp.291-297

岡田信弘「政治過程と選挙制度」『岩波講座現代の法3 政治過程と法』（岩波書店，1997年）pp.209-233

佐藤幸・日本国憲法論，pp.401-424

高田篤「憲法と政党」大石＝石川・争点，pp.28-29

只野雅人「衆議院小選挙区比例代表並立制の合憲性」憲法判例百選Ⅱ〔第5版〕（有斐閣，2007年）pp.344-345

野中他・憲法Ⅱ〔第5版〕，pp.11-58

長谷部・憲法〔第5版〕，pp.316-329

毛利他・憲法Ⅰ，pp.89-101, pp.201-205

4　国会

《設　問》「国会審議の現状は事実上結論が出てしまっている問題を厳しい党議拘束の下，与党が野党の抵抗を排しながらいかに『出口』にたどり着くかというスケジュール闘争の場になりがちであり，実質的な議論や利害調整はいわゆる政党の部会などにおける事前審査，政府と与党の予算折衝，政府と業界との調整という一般国民の目の届きにくい所でおこなわれている。

このような現状を打破して国会が本来の姿を取り戻し，選挙で選ばれた国民の代表者が英知を集め，『表舞台』で議論を重ねた上で最終的な意思決定を得るように国会審議の在り方を改善すべきである」。これは，自由民主党を中心とした政権が長い間続いていたときの立法過程の問題点を指摘したものです（2001〔平成13〕年11月に出された「衆議院改革に関する調査会答申」）。

「ねじれ国会」が出現する前の国会のあり方の本質を見事に言い表しているとともに，あるべき国会の「本来の姿」の一端を明確に示しているように思われます。政権交代と本格的な「ねじれ国会」の出現によって，国会運営のありように変化は見られますが，変わっていないところもあります。こうした国会のあり方の問題点とその改革の方向性について，先に取り上げた「答申」の議論や日本国憲法が定めている国会の仕組みの正確な理解をふまえて検討してください。

《目標・ポイント》日本国憲法は，41条で，「国会は，国権の最高機関であつて，国の唯一の立法機関である」と定めています。この規定から，国会の憲法上の位置づけが，「国権の最高機関」であると同時に，「唯一の立法機関」でもあるということが分かります。国会が，国民による直接選挙で選ばれた人々で構成され，立法権を中心とする国政における重要な権能をもつことから，このような位置づけは当然のことといえるでしょう。しかし，一方で，「国権の最高機関」性や「唯一の立法機関」性をどのように理解するかにつ

いては学説上争いがあるところですし，他方で，国会の実際のありようが憲法の趣旨に沿ったものであるのかについても常に議論の対象になってきました。したがって，国会に関する憲法上のルールについて正確に理解したうえで，国会の現状を批判的に検討することが必要となります。設問で問われていることは，まさにそうしたことです。

《キーワード》国会中心立法の原則，国会単独立法の原則，立法過程，会期不継続の原則，二院制，ねじれ国会

1. 国会の憲法上の地位

（1）国権の最高機関

　まず，国会が「国権の最高機関」であるということについて考えてみたいと思います。この点について，学説の見解は分かれています。かつては，「政治的美称説」と「統括機関説」とが対立していました。前者は，国会が主権者である国民によって直接選任されることから統治機構を構成する諸機関の中で国民に最も近い存在であり，それゆえ国政の中心的地位を占める機関であるということを強調する説です。これに対して，後者の「統括機関説」は，内閣・裁判所といった他の諸々の国家機関は，最高機関である国会の下にあり，国権の発動の仕方について国会の意思に従わなければならないと解する説です。この説によれば，国会があらゆる国家機関に対する指揮監督権をもつ可能性が出てきます。そのため，日本国憲法が採用している権力分立の趣旨から見て問題があるなどの理由から，少数説にとどまっています。「政治的美称説」が通説的地位を占めてきました。

　ただし，新たな説が，「政治的美称説」を批判する形で登場していることに注意が必要です。「総合調整機能説」と呼ばれているものです。この説は，「国会は，最高機関である」とは，法的な意味で「国家諸機

関の権能および相互関係を解釈する際の解釈準則となり，また，権限所属が不明確な場合には国会にあると推定すべき根拠となると解すべき」であり，単なる政治的宣言と見るべきではないと主張しています。

現在では，この説と先に見た「政治的美称説」との間で議論がなされていますが，両説から導かれる具体的な違いがあまり明確でなく，両説の対立にどれほどの意味があるのかについては疑問のあるところです。

（2）唯一の立法機関

憲法は，国会に対して，「国権の最高機関」に見合った様々な権能を認めています。憲法改正の発議権（96条1項），内閣総理大臣の指名権（6条1項，67条1項前段），弾劾裁判所の設置権（64条1項。詳しくは国会法125〜129条および裁判官弾劾法参照），財政監督権（主に第7章），条約の承認権（73条3号，61条）などがその例です。しかし，より重要な権能と思われるものが，法律案の議決権（59条1項）です。このことは，憲法が，国会を「唯一の立法機関」であると定めていることから，容易に理解できます。

ところで，国会が「唯一の立法機関」であると定められていることの意味については，一般に，「国会中心立法の原則」と「国会単独立法の原則」の2つが含まれていると解されています。まず国会中心立法の原則ですが，これは，国会による立法以外の立法は原則として許されないということを意味します。憲法が例外として認めているのは，議院規則（58条2項）と最高裁判所規則（77条）です。したがって，明治憲法における緊急勅令や独立命令のように，国会を通さないで行政権が立法を行うことは，日本国憲法の下では認められません。行政権による立法は，法律を執行するための命令（執行命令）と法律の具体的委任に基づく命令（委任命令）に限られることになります。

なお，ここで用いられている「立法」の意味が問題となります。これについては，形式的意味のそれ（国法の一形式である「法律」の定立のこと）ではなく，実質的意味での立法（「法規」という特定の内容を有する法規範の定立のこと）と解すべきであるとされています。そして，「法規」の内容については，従来は国民の権利を制限したりあるいは義務を課したりする法規範だと考えられてきましたが，最近では，一般的・抽象的法規範であるという考え方が有力となっています。

　次に，国会単独立法の原則に関わる問題について考えてみましょう。この原則は，国会以外の機関が立法過程あるいは立法手続に関与することは原則として認められないとするものです。日本国憲法では，法律案は両議院で可決されたとき法律となると定められていますので，天皇の裁可や内閣の承認は必要とされません。単独立法主義の例外としては，いわゆる地方自治特別法の制度（95条）があります。「一の地方公共団体のみに適用される特別法」については，国会の議決のほかに，当該地方公共団体の住民の投票による過半数の同意が必要とされています。例外として憲法が明文で定めるのはこれだけです。

　国会単独立法の原則に関連して議論されてきた問題の1つとして，内閣の法律発案権（内閣法5条）の合憲性があります。次に項を変えて，少し詳しく検討することにしましょう。

（3）内閣法5条の合憲性

　明治憲法は「両議院ハ政府ノ提出スル法律案ヲ議決シ及各々法律案ヲ提出スルコトヲ得」（38条）と定めて，政府，すなわち内閣の法律案提出権を明文で認めていました。しかし，日本国憲法には，そのような規定は存在していません。内閣法という法律で定められているにすぎないのです。ところが立法の実態を見ると，国会で可決される法律案の多く

第4章 国会 | 59

```
┌─────────────────┐  ┌─────────────────┐
│     議 員       │  │     内 閣       │
├─────────────────┤  ├─────────────────┤
│ 衆議院では20人以上，│  │ 各省庁などで立案され，│
│ 参議院では10人以上の│  │ 閣議で決定されてから │
│ 賛成が必要。ただし，│  │ 内閣総理大臣名で提出 │
│ 予算が伴う場合には，│  │ される。ただし，与党 │
│ それぞれ50人以上，│  │ の了承を受ける。    │
│ 20人以上の賛成が必要。│ │                 │
└────────┬────────┘  └────────┬────────┘
     議員発議                 内閣提出
         ↓                      ↓
      ┌─────────────────┐
      │     議　長      │
      └────────┬────────┘
            付託 ↓
    ┌────┐   ┌──────────┐
    │公聴│···│常任委員会  │   【衆議院】
    │会  │   │または     │
    │    │   │特別委員会  │
    └────┘   └──────────┘
            審査↓報告
         ┌──────────┐
    ┌───→│  本会議  │←───┐
    │    └──────────┘    │
  返付  送付↓         回付  同意
    │      ↓              │
  両院   ┌──────────┐
  協議会 │  議　長  │
    │   └──────────┘
    │      付託↓
  3分 ┌────┐  ┌──────────┐
  の2 │公聴│··│常任委員会  │  【参議院】
  以上│会  │  │または     │
  の多│    │  │特別委員会  │
  数で└────┘  └──────────┘
  再議決       審査↓報告
  成案      ┌──────────┐
  を両院で   │  本会議  │
  可決      └──────────┘
    │    否決 ↓可決  修正議決
    ↓         ↓          │
      ┌──────────────┐
      │    成　立    │
      └──────┬───────┘
            奏上↓
      ┌──────────────┐
      │  公布（天皇）  │
      └──────────────┘
```

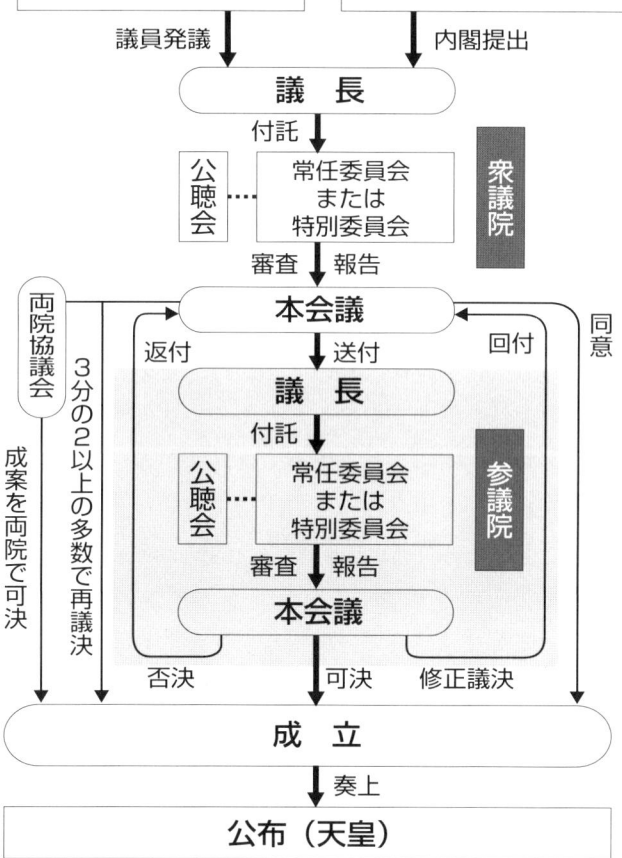

日本国憲法下の立法過程

（出典　http://www.sangiin.go.jp/japanese/aramashi/houritu.html）

は内閣が提出したものです。そこで，こうした実態に批判的な人々は，国会単独立法の原則との関わりで内閣の法律案提出権そのものを問題にしています。

　もし法律案の提出が立法過程の重要な要素であるとすれば，行政権の属する内閣に提出権を認めることは，国会を「唯一の立法機関」と位置づけている憲法の趣旨と矛盾することにならないでしょうか。ところで，日本国憲法下の立法過程のありようを図式化すると，前頁の図のようになります。図にあるように，国会に提出される法律案は，内閣の提出したものと議員提出のものに大きく2つに分けることができます。内閣提出法案の件数は議員提出法案より多く，しかも可決される重要法案のほとんどは内閣提出法案です。最近，議員提出法案の件数が増える傾向にあるといわれていますが，基本的には内閣提出法案の優位性は変わっていないように思われます。

　ではこのように，立法過程においてきわめて重要な地位を占めている内閣による法律案の提出は，憲法上どのように評価されることになるでしょうか。立法過程が開始されるためには，誰かが法律案を国会に提出することが前提となります。この点，両議院の議員が法律案提出権をもつことについて争いはありません。では，内閣はどうでしょうか。

　内閣の法律案提出権を承認する肯定説が，通説の地位を占めています。ただ，その理由づけには実に様々なものがあります。主なものを挙げてみると，①法律案の提出はあくまでも立法の準備行為であって，立法作用には含まれないこと，②国会は，内閣提出の法律案について，自由に審議し，修正し，否決することができること，③憲法が議院内閣制を採用している以上，国会と内閣との協働関係は当然認められること，④内閣の提出権を否定しても，国務大臣が事実上国会議員の資格で発議することができること，⑤憲法72条の「議案」は法律案も含むと解され

ること，⑥現在では既に内閣の法律案提出権を認める慣習法が成立していること，などがあります。いずれにしても，肯定説の理由づけについては，以上に見た議論のどれか1つで正当化するというよりは，複数の理由を組み合わせて考えるほうが支配的となっています。

では，こうした議論に反対する否定説はどのような考え方でしょうか。否定説によれば，内閣に法律案提出権を認める内閣法5条は違憲であると考えられることになります。その理由としては，①法律案の提出は法律を制定する作用に属するから，憲法41条によりそれを内閣に認めることは許されないこと，②憲法72条の「議案」とは，もともと内閣に属する作用についての議案と解すべきであるから，「法律案」は含まれないこと，などが主張されています。否定説に基づいて内閣法5条を違憲と解した場合には，いわゆる議員立法を原則とすべきということになりますが，そうした立法のありようは大統領制の下でのそれに限りなく接近することになります。そうだとすると，それは，日本国憲法が採用している議院内閣制との整合性という，より根本的な問題に直面せざるをえないことになるのではないでしょうか。

2. 立法過程と国会

(1) 法律案が国会に提出されるまで

まず，内閣提出法律案から見ることにしましょう。内閣提出法律案については，事実上はある省庁のある部局が起案するものであっても，内閣としての意思統一を経たものであることが必要です。法律および政令の制定改廃については，閣議決定する必要があるからです（内閣法4条および国家行政組織法11条参照）。ある省庁で起案された法律案について，自らの所管に関わる問題として異存のある省庁は異議を唱えることができます。起案省庁は，当該省庁と協議をして調整を図らなければな

らないのです。これを法令協議といいますが，内閣提出法律案の作成プロセスにおける山場の1つだといわれています。法令協議は，一般に，全省庁に対して呼びかけを行い，それに異議を唱えた省庁との間において行われます。なお，制度的に行われる法令協議として次のものがあります。①予算関連法律案については，予算との整合性の観点から，財務省と協議する必要があります。②機構定員に関わる法律案については，総務省との協議が必要です。③罰則規定の創設改廃については，法務省との協議を行うことがほぼ慣例となっています。

　ところで，内閣提出法律案については，法令の形式その他の整合性について，内閣法制局の審査を経る必要があります。正式には，閣議請議の際に行われることになっていますが，実際には事前に下審査と呼ばれる予備審査で実質的な審査を終えているため，閣議請議の際の正式審査は形式的に済ませるのが慣例です。予備審査における審査は広範に及ぶ（a．法律として制定する必要性，b．憲法を頂点とする既存の法体系との整合性，c．表現の統一，d．条文配列の論理的整序，e．文章の正確さ）とともに，きわめて厳密に行われているといわれています。

　内閣提出法律案であっても，与党との事前調整が行われます。与党のお墨付きがなければ事実上提案できないので，与党のしかるべき機関に担当部局の官僚が出席して了承してもらう手続が必要だからです。自民党政権時代を例にとれば，政務調査会の部会→政務調査会の審議会→総務会，という順に機関承認を経た後に閣議決定がなされ，国会に提出されていました。この事前承認の結果，与党は，所属議員に対して国会提出後早い段階から党議拘束をかけることができたといわれています。民主党は事前審査制度の廃止を主張し，実際に政権獲得直後はこれを廃止しましたが，総理大臣が代わるごとに少しずつ復活しているようです。

　次に議員提出法律案ですが，法律案の立案過程では議院法制局が重要

な役割を果たしています。日本国憲法の下では，アメリカの影響を受けて議員立法が奨励されるようになり，これを補佐する機関として，衆参それぞれに議院法制局が設置されました。議員提出法律案については，この議院法制局の審査を経て提出される慣行となっています。つまり，議院法制局の審査を経ることは，法的な要件として定められているわけではありませんが，衆参ともに議案受理の取扱いとして，事務局（議案課）において法制局審査を経たことを確認したうえでないと受理しない慣行となっているからです。議員提出の法律案の場合は，議院法制局が，構想の段階から参画し，法案の作成に至る背景の実情はもとより，政策としての合理性についての検討を行って，法律案としてまとめあげていく作業を行っているといわれています。したがって，議院法制局の役割は，内閣提出法律案における各省庁と内閣法制局の役割をあわせもつものといえるでしょう。

（2）法律案の国会提出

　議員提出法律案については，当然にその所属する院に提出されます。ただしその際，法律の定める要件を満たしていることが必要です。国会法制定当初においては，議員は1人でも法律案を発議することができました（旧56条1項）。しかし，議員が発議する法案には，票田を培養するために議員の地元や業界に利益を誘導しようとする「お土産立法」の弊害が大きいという批判が起こり，1955（昭和30）年に法改正が行われました。それによって，一般議案については，発議者のほか，衆議院では議員20人以上，参議院では議員10人以上，予算をともなう法律案については，衆議院では議員50人以上，参議院では議員20人以上の賛成が必要になりました（現行56条1項）。発議要件が強化されたのです。なお，衆議院では，国会法所定の賛成者のほかに会派の機関承認印がなけ

れば，議会事務局がそれを受理しないという先例が存在しています。

　内閣提出法律案は内閣総理大臣の名前で提出されますが，どちらの院に提出することも可能です。実際には，衆議院優越の考えから，重要な法律案については衆議院に提出される例が多いようです。

（3）国会における審議

　先に示した図から分かるように，法律案の審議は両院で同時並行的に行われるものではなく，必ず先議の議院と後議の議院という関係が存在することに注意が必要です。国会の審議は，衆参ともに，まず法律案が付託された委員会で行われ，その報告を受けて本会議で議決するというプロセスを取るのが原則です。わが国の国会運営の大きな特徴として，明治憲法下の本会議中心主義から，アメリカの議会制度にならって委員会中心主義（委員会の審議が原則として議案の正否を左右する制度）に変わったことが指摘される理由です。ただし，委員会の審議は，あくまでも本会議での審議の予備的なものと位置づけられているので，委員会の議決は，何ら本会議の議決を拘束するものではありません。小泉郵政解散の原因となった事態はこのことを示しています。郵政民営化法案は，参議院の委員会では与党議員の賛成で可決されましたが，本会議では造反議員が出たために否決されました。そこで，小泉元総理は，衆議院の解散に打って出たわけです。

　法律案は，原則として，「両議院で可決したとき」に成立します（憲法59条1項）。したがって，後議議院の可決のときが法律の成立時期となります。なお，後で検討する会期不継続の原則により，ここでいう「両議院で可決したとき」とは，同一の会期中でなければなりません。先議議院で可決されると，その可決された案が後議議院に送付され，それについて審議が行われます。後議議院で修正が行われた場合には，そ

の修正された案が先議議院に回付され，そこで同意されれば，両議院の議決は一致したことになるので，その時点で法律は成立することになります。

なお，衆議院の再議決によって成立する場合があります。憲法が，59条2項で，「衆議院で可決し，参議院でこれと異なつた議決をした法律案は，衆議院で出席議員の3分の2以上の多数で再び可決したときは，法律となる」と定めているからです。この手続は，安倍内閣のときに出現した「ねじれ国会」状況の下で，つまり福田内閣や麻生内閣の下で実際に用いられました。また，憲法は，両議院の議決が一致しないときに両院協議会が開かれる場合があることを定めています（59条3項）。この場合，両院協議会における成案の議決を受けて両院の議決が一致すれば，そのときに法律が成立することになります。

3．国会運営と会期制

（1）会期制の類型的考察

議会が，どのような仕方でどれくらいの時間，集会し活動するかは，政治過程や立法過程における議会の役割を左右するきわめて重要な問題です。議会が活動能力を有する期間を「会期」といいますが，従来この問題について深く考察されることはあまりありませんでした。そこで，以下少し詳しく検討することにします。

まず会期の諸態様について，比較制度論的な観点から考えることにしましょう。3つのタイプに分けることができます。第1のタイプは「君主主義的」とされるもので，そこでは集会の回数や期間の決定が政府のイニシアティブに委ねられ，そのために議会の活動が制限されることになります。第2のタイプは，これに反して集会期間が議会の自由な決定に任されることによって，議会の自律性が保障されているものです。

「共和主義的」な態様です。最後に第3のタイプですが，これは「君主主義的」なものと「共和主義的」なものとの中間に位置づけられるもので，多様なバリエーションが存在しています。

　第1のタイプは君主制的な政治形態に起源をもち，その意味で最も古典的な会期のあり方といえます。当初の議会（＝身分制議会）は，君主が課税問題などについて承認を求めるために召集したもので，そこでは議会の開会と閉会はいずれも君主の特権と解されていました。歴史的には，イギリスの制度がこれに該当します。しかし，イギリスの会期は，現在では，11月初めに召集され，翌年の10月末に閉会されるまでほぼ1年間継続するとされています。したがって，実際には，1年（通年）会期制が用いられているといえます。

　ところで，イギリスでは，議会の各会期は1つのまとまりを構成すると考えられてきました。これは，議会の権限が対国王との関係で，審議対象の点でもまた審議期間の点においても制限されていた頃の名残です。このような会期の捉え方の下では，1つの会期において最終的に議決に至らなかった法案について，次の会期で立法過程の途中から再開することは許されないということになります。これが，会期不継続の原則です。イギリスに起源を有するこの原則は，その後19世紀を通じてヨーロッパ全体に普及し，わが国でも明治憲法の下で議会制度の導入とともに採用されました。なお，会期不継続の原則を現在でも維持しているのは，主要国の中ではイギリスと日本だけではないかとの指摘があります。

　第2のタイプにおいては，議会は，その任期の全期間にわたって，自らの意思によっていつでも集会し，自己の権限を行使できるとされています。したがって，そこでは，厳密な意味での会期は問題とならず，議員の任期にほかならない「議会期」または「立法期」が議会の活動の基

本単位となります。選挙が実施された後の議会に，その前の議会の活動は継続しないとされるだけです。このような議会の活動のあり方を採用しているのはドイツです。

　第3の折衷的なタイプには数多くの定式があります。最も多く見られるのは，憲法典の中に会期に関する基本的な条項を組み入れるやり方です。それによって，議会の自律性と政府活動の効率性との均衡が図られているのです。日本の会期制のあり方は，この第3のタイプに位置づけられています。

（2）日本国憲法の下での会期制

　日本国憲法の下では，3種類の会期のあり方が存在しています。常会，臨時会，そして特別会です。

　常会とは，毎年1回，1月に予算の議決等のために召集される国会のことです（52条）。その期間は，法律によって150日間と定められています（国会法10条）。これに対して，臨時会とは必要に応じて臨時に召集される国会を指しますが（53条），具体的には，①内閣が必要とするとき（53条前段），②いずれかの議院の総議員の4分の1以上の要求があるとき（53条後段），③衆議院議員の任期満了により総選挙または参議院議員の通常選挙が行われたとき（国会法2条の3）に召集されるものです。最後に特別会ですが，これは，衆議院の解散による総選挙後に召集される国会のことをいいます（54条1項，国会法1条3項）。なお，会期については，法律によって延長することが認められています。常会については1回，臨時会と特別会については2回，両議院の一致の議決で延長することが認められているのです（ただし，衆議院の優越が定められています）。

　このようにして，国会の活動期間が1年の間で何回かに区切られるこ

とに加えて，それぞれの会期に不継続の原則の適用があることに注意しなければなりません。国会法が，68条で，「会期不継続の原則」を定めているからです。先に述べたように，この原則によれば，ある会期中に審議が完了しなかった法案は，その会期が終わると廃案となり，後会に継続しないことになります。後会で審議するためには，改めてその法案を提出し直さなければならず，また審議もゼロから開始しなければなりません。例外がないわけではありません。閉会中審査です。委員会が閉会中審査した議案と懲罰事犯の案件は後会に継続するとされています。

　こうした会期のあり方が，日本の国会運営の最大の障害であるとの指摘があります。ここでは，2009（平成21）年11月に公表された「新しい日本をつくる国民会議（21世紀臨調）」の「国会審議活性化等に関する緊急提言」（以下「緊急提言」と表記）を取り上げ，少し詳しく見ておくことにします。設問に深く関わる議論が展開されているからです。「緊急提言」によると，これまでのわが国における国会運営が主に日程設定をめぐって与野党の駆け引きが行われる「日程国会」の形態を取ってきたことが，国会審議を活性化させるための最大の障害となっていると位置づけられています。したがって，この時間の制約を取り除くことが，有意義な国会改革の前提とされるのです。では，そのためにどのような制度改革が提言されているのでしょうか。2つあります。1つは常会を長期化させることによって実質通年国会を実現することであり，もう1つは会期不継続の原則を廃止することです。

　より根本的な改革は，後者の会期不継続の原則の廃止に求められています。この原則が廃止されれば，会期を気にすることなく法案の審議を行うことが可能となり，日程設定の駆け引きをめぐる戦後日本の悪しき慣行である「日程国会」を根本から改めることができるからです。提出法案の取扱いについては，総選挙から次の総選挙までを1つのサイクル

とみなす，「議会期」あるいは「立法期」の採用が提言されています。
　こうした提言に対する学説の評価は必ずしも一致しているわけではありませんが，国会におけるより充実した審議を実現するための方向性を示すものとして検討に値するように思われます。

4．二院制とねじれ国会

(1) 日本国憲法と二院制

　日本国憲法は，42条で，「国会は，衆議院及び参議院の両議院でこれを構成する」と定め，二院制（両院制）を採用しています。二院制を採用しているという点では明治憲法も同じですが，類型的な位置づけは大きく異なっているといわざるをえません。それを明らかにするために，まず類型論的な考察をすることにしましょう。多様な分類を考えることができますが，ここでは，次の3つの分類を取り上げることにします。①連邦国型二院制，②貴族院型（非民主的）二院制，③参議院型（民主的）二院制です。

　連邦制国家では，連邦国民の全体を代表する第1院のほかに，連邦構成州（邦）を代表する第2院が設けられるのが一般的で，連邦制を採用するほとんどすべての国が二院制を採用しています。①のタイプは，この点に着目したものです。アメリカやドイツが代表的な採用国です。②のタイプは，立憲君主制下の貴族団体を基礎に第2院を構成するものです。歴史的にはイギリスがその代表的な例であり，明治憲法下の帝国議会（衆議院と貴族院によって構成）もこのタイプに該当します。③は，単一国家の下で第2院を公選（間接選挙を含む）議員によって構成するもので，「一方の院が他方の院の軽率な行動をチェックする」ことなどを目的として設けられる二院制です。なお，両院の権限関係のあり方に着目すると，基本的に権限が等しい対等型とそうではない非対等型とを

区分することができます。

　以上の考察を前提にして，日本国憲法における二院制を位置づけるならば，単一国の参議院型であると解することに問題はないでしょう。日本の参議院ほど民主的要素の強い第2院は，他にほとんど例がありません。全議員が直接公選によって選ばれているからです。そこで，日本国憲法における二院制の存在理由が問われることになります。当初は，国民の「数」を代表する衆議院に対して，参議院は国民の「理」もしくは「良識」を代表すべきものとして位置づけられていました。しかし最近では，国民の多様な意見や利益を国会に反映させることが重視されています。

　憲法における両院の権限関係に目を転じてみると，内閣不信任決議権（69条），予算先議権（60条1項）などを特別に衆議院に認め，法律・予算の議決，条約の承認および内閣総理大臣の指名の場合において衆議院の優越を認めている（59条，60条，61条，67条）ことから比較的最近まで「衆議院の優越」が強調され，非対等型の二院制であると解される傾向が強かったように思います。しかしこうした理解に再考を促したのが，2007（平成19）年以降における本格的な「ねじれ国会」の出現です。

(2) ねじれ国会と二院制

　ねじれ国会の下での国会のありようは，二院制の「生理」なのでしょうか，それとも「病理」なのでしょうか。近時の憲法学説の中には，「全国民の代表たる議員（憲43条）から構成される衆参両議院の組織の同質性，民主的正統性の同等性を重視して，両院の対等性を志向する」という観点から，「生理」と捉える見方も有力な議論として存在しています。しかし，「病理」とまではいえないにしても，ねじれ国会の下で

の混迷状態をふまえると，このような見解を積極的に受けとめることはできないように思われます。議院内閣制の下では，下院としての衆議院があくまでも政権の形成・維持基盤であると考えられるのに対して，上院としての参議院は，時に下院によってもたらされる劇的な変化に対抗してこれを緩和する役割が期待されてきたことをベースラインとして設定したうえで，制度の運用や改革が検討されるべきではないでしょうか。したがって，このベースラインをふまえた調整手続の探求，たとえば両院協議会の適切な運用を含む，関係者・アクターの叡智に基づく賢明な制度改革と「政治慣行」の確立に絶えず目を配り続ける必要があるように思われます。

コラム④　議員の質問と質疑

　国会法は，国会議員に対して様々な権能を認めていますが，ここでは，とくに「質問」と「質疑」について簡単に見ておくことにします。ニュース報道などでは，両者の区別が必ずしも正確になされているようには思われないからです。

　「質問」とは，議題と関係なく，内閣に対して説明を求め，所見をただすことをいいます。これに対して，「質疑」とは，議題となっている案件について疑義をただすことを意味します。したがって，内閣総理大臣の施政方針演説に対する「代表質問」という表現は不正確です。「質疑」という言葉を用いるべきでしょう。

　「質問」は書面でするのが原則です。「質問」をするには簡単な主意書（「質問主意書」といいます）を作り，議長に提出してその承認を得なければなりません（国会法74条1項・2項）。議長または議院の承認した質問については，議長がその質問主意書を内閣に転送することになっています（国会法75条1項）。内閣は，質問主意書を受け取った日から7

日以内に答弁しなければなりません。もしその期間内に答弁できないときは，その理由と答弁することができる期限とを明示することが必要となります（国会法75条2項）。答弁は，答弁書でなされることが多いようです。なお，「質問」が緊急を要するときは（たとえば，天災地変や騒擾など），議院の議決により口頭で質問することができます。

　「質疑」は口頭でなされます。本会議における質疑は包括的な形で行われます。つまり，質疑が数項目にわたる場合でも，そのすべてを述べ，答弁者がこれに答える形式が採られているのです。なお，本会議における質疑に当たっては，討論にわたるような意見を述べることは許されていません。これに対して，委員会における質疑は，一問一答の形式で行われるのが原則で，議題について自由に質疑し，意見を述べることも認められています。

参考文献

芦部（高橋補訂）・憲法〔第5版〕，pp. 277-291，pp. 297-311
大山礼子『日本の国会——審議する立法府へ』（岩波書店，2011年）
勝山教子「国権の最高機関」大石＝石川・争点，pp. 194-195
佐藤幸・日本国憲法論，pp. 425-473
永田秀樹「内閣の法律案提出権」大石＝石川・争点，pp. 240-241
野中他・憲法Ⅱ〔第5版〕，pp. 58-162
長谷部・憲法〔第5版〕，pp. 303-316，pp. 330-356
原田一明「両院制」大石＝石川・争点，pp. 190-191
光信一宏「会期制度」大石＝石川・争点，pp. 210-211
毛利他・憲法Ⅰ，pp. 162-222

5　内　閣

《設　問》日本国憲法が議院内閣制を採用していると解することについて，学説上ほとんど争いはありません。しかし，その議院内閣制の本質を何に求めるかに関しては，意見が分かれています。大別して，均衡本質説と責任本質説の二通りの考え方が存在しています。議会と内閣との均衡を重視する前者の見解は，議会の不信任決議権に対抗する不可欠の武器として内閣に解散権を認め，それによって議会と内閣が均衡するところに議院内閣制の本質を求めます。これに対して，後者の責任本質説によれば，議院内閣制の本質を内閣が議会に対して政治的責任を負うことに求め，議会の不信任決議権に対抗する解散権が存在していなくても議院内閣制でありうるとされます。

　以上の2つの説を前提にした場合，日本国憲法における議院内閣制はどのように位置づけられることになるのかについて検討してください。

《目標・ポイント》日本国憲法で定められている内閣制度のあり方を，明治憲法下のそれと比較すると，次のような特徴を有していることが分かります。第1に，内閣に対して憲法上の機関としての位置づけと行政権の主体たる地位を認めていること，第2に，内閣総理大臣に閣僚の任免権をはじめとする広範な権限を与えることによって，首長としての地位を認めていること，そして第3に，内閣と国会の関係について，いわゆる議院内閣制を採用していること，の3点です。設問は，この第3の点に関わっている問題ですが，日本国憲法における内閣制度についてより深い理解が問われることになります。

《キーワード》議院内閣制，均衡本質説，責任本質説，国民内閣制，内閣総理大臣，衆議院の解散

1. 内閣の地位

(1) 明治憲法の場合

　明治憲法には，国務大臣の合議体としての内閣制度に関する規定は存在していませんでした。「国務各大臣ハ天皇ヲ輔弼シ其ノ責ニ任ス」（明治憲法55条1項）という規定にあるように，国務各大臣について，それも天皇との関係について定めていただけです。また，行政権は，「統治権の総攬者」とされる天皇によって直接行使される建前となっていました。ただ実際には，明治憲法の下でも内閣制度は存在し，しかも一時期重要な役割を果たしていたことに注意する必要があります。しかし，それは，憲法上の機関としてではありませんでした。明治憲法下の内閣制度は，あくまでも天皇の官制大権（明治憲法10条）に基づいて，1889（明治22）年に制定された「内閣官制」（勅令）により運用されていたのです。

(2) 日本国憲法の場合

　これに対して，日本国憲法は，「行政権は，内閣に属する」（65条）と規定して，内閣を憲法上の機関として定めるとともに，行政権の主体としても位置づけています。更に，内閣の職権や組織に関する基本的事項についても憲法で定めることによって，内閣制度はより強固な憲法的基盤を与えられているのです。

2. 内閣の職権

(1) 職権の内容

　内閣の職権の主なものは，憲法73条で列挙されています。順に挙げると，①法律の誠実な執行と国務の総理，②外交関係の処理，③条約の締

結，④官吏に関する事務の掌理，⑤予算の作成と国会への提出，⑥政令の制定，⑦恩赦の決定，の7つです。

　ここでは，①に関してだけ簡単に触れておくことにします。「国務を総理する」ことの意味について，見解が分かれているからです。大別すると，「国務」とは行政事務のことであり，それを「総理」するとは，最高の行政機関として行政事務を統轄し，行政各部を指揮監督することをいうと解する説と，「国務」とは行政事務のみならず，立法，司法をも含む概念であり，それを「総理」するとは，国の政治全体が調和を保って円滑に進行するよう配慮することを意味すると解する説とがあります。こうした考え方の違いの背景には，内閣や内閣総理大臣の憲法上の位置づけに関する理解の仕方の違いがあるように思われます。総理大臣を中心とした内閣が政治の推進力であるべきであるとする考え方によれば，後者の説のほうがそれにより適合すると考えられることになるでしょう。

　なお，憲法は，73条以外でも内閣の職権について定めています。主なものとして，天皇の国事行為に対する助言と承認（3条，7条），最高裁判所長官の指名（6条2項），その他の裁判官の任命（79条1項，80条1項），国会の臨時会の召集（53条），予備費の支出（87条），決算審査および財政状況の報告（90条1項，91条）などがあります。

（2）職権行使の手続

　ところで，内閣がその権限を行使するに際して従うべき手続については，憲法は何も定めていません。内閣法でごく基本的な事項が規定されているだけです。立法権や司法権の場合と異なる点です。

　内閣法4条は，「内閣がその職権を行うのは，閣議によるものとする」（1項），「閣議は，内閣総理大臣がこれを主宰する」（2項），「各大

臣は，案件の如何を問わず，内閣総理大臣に提出して，閣議を求めることができる」（3項）と規定しています。定足数や表決数などの議事に関する原則については，法律でも定められていないのです。明治憲法以来の慣行によって，閣議における決定は全会一致によるとされています。学説の中には，多数決で足りるとする考え方もあります。実際，1990年代後半の行政改革に関する議論では，その方向で内閣法を改正したほうがよいのではないかという意見も出ましたが，結局採用されるには至りませんでした。

3．内閣の組織と責任

（1）内閣の組織

　内閣は，内閣総理大臣とその他の国務大臣で組織される合議体の機関です（憲法66条1項）。国務大臣の数は，内閣法で，かつては20名以内とされていましたが，現在は14名以内（ただし3名の増員は可能）と定められています（2条）。各大臣は，内閣の構成員であると同時に，「主任の大臣として，行政事務を分担管理」します（内閣法3条1項）。つまり，各省の大臣となるのです。もっとも，行政事務を分担管理しない無任所の大臣を置くことも許されています（同条2項）。

　なお，内閣の構成員に関して憲法が要求していることは，文民でなければならないことと（66条2項），国務大臣の過半数が国会議員でなければならないこと（68条1項）の2つです。前者の文民規定をどのように解するかについては，制定当初存在していなかった自衛隊が誕生したこともあって，その解釈は多岐に分かれています。また，後者の要求は，内閣総理大臣の場合と異なり，資格要件というよりは，総理大臣の国務大臣任命権に対する制限と解したほうがよいでしょう。

(2) 内閣の責任

　憲法66条3項は,「内閣は,行政権の行使について,国会に対し連帯して責任を負ふ」と定めています。こうして,日本国憲法では,内閣は,行政権全般について,国会に対し連帯して責任を負うことになりました。明治憲法と違う点の1つです。明治憲法下では,少なくとも規定上は,国務各大臣が天皇に対して単独で責任を負うとされていたからです。

　内閣の国会に対する責任は,法的責任ではなく,政治責任であると解されています。法的責任の場合には,責任を問われるべき行為の要件と責任の内容が明確に定まっていなければならないところ,66条3項ではそうしたことは定められていません。政治責任と解さざるをえない理由です。内閣は,「連帯して」責任を負います。内閣が総理大臣のもと一体となって政治を行わなければならないとすれば,連帯責任はある意味でそのことの当然の帰結といえるでしょう。もっとも,特定の国務大臣が,個人的理由に基づいて,個別に責任を負うことも認められています。したがって,個々の国務大臣に対して不信任決議を行うことは,衆議院はもとより,参議院についても認められると考えられています。ただし,それによって必ず辞職しなければならないという意味での法的拘束力があるとは解されていません。

4. 内閣の総辞職と衆議院の解散

(1) 総辞職

　内閣の総辞職とは,内閣の構成員全員が同時に辞職することを指します。憲法は,一定の場合に,内閣が総辞職すべきことを定めています。まず第1に,内閣不信任決議後10日以内に衆議院の解散が行われなかった場合があります(69条)。衆議院が不信任の決議案を可決し,または

信任の決議案を否決したにもかかわらず，内閣が10日以内に衆議院を解散しない場合には当然に総辞職したことになります。第2の場合は，内閣総理大臣が欠けたときです（70条）。「欠けたとき」とは，総理大臣が死亡したときや総理大臣となる資格を喪失した場合（たとえば国会議員となる資格を失った場合）です。

そして第3は，衆議院議員総選挙の後に初めて国会の召集があった場合です。衆議院議員の総選挙には，解散によるものと任期満了によるものとがありますが，前者の場合には選挙の日から30日以内に特別会が召集され（54条），後者の場合には新しい議員の任期の始まる日から30日以内に臨時会が召集されることになっています（国会法2条の3）。いずれの場合にも，国会が召集された日に，内閣は総辞職しなければなりません。

以上の義務的な総辞職のほかに，内閣は，その存続が適当でないと判断したときはいつでも総辞職することができます。任意の総辞職です。なお，総辞職した内閣は，「あらたに内閣総理大臣が任命されるまで引き続きその職務を行ふ」（71条）ことになります。行政事務の継続性の確保の観点からいって当然のことでしょう。

(2) 衆議院の解散

解散とは，任期が満了する前に，すべての議員の地位を失わせることを意味します。日本国憲法は，天皇の国事行為の1つとして，衆議院の解散について定めていますので（7条3号），形式の上では天皇が解散を行うことになります。しかしながら，解散を実質的に決定するのは誰で，またどのような場合に解散することができるのかについては，必ずしも明確には定められていません。学説における議論も分かれています。

まず，解散権は誰に帰属するのか，つまり解散権の主体について考えてみることにしましょう。内閣に帰属するという点では，学説はほぼ一致しています。ただ，それを憲法上どのように根拠づけるかということになると，学説は多岐に分かれています。現在最も有力な考え方となっているのは，憲法7条の内閣の助言と承認に求める見解です。この見解によれば，天皇の国事行為が形式的あるいは名目的なものとなるのは，助言と承認によって内閣が実質的決定権を有するからだとされます。解散権についても，この論理を当てはめて，実質的な決定権は内閣にあると考えるわけです。他の説に比べて問題点が少なく，解散権の所在を憲法上根拠づけるものとしてより適切だと考えられているのです。なお，実際の解散も，2回目以降はこの説に基づいて行われています。

　衆議院の解散を憲法69条の場合に限定する説以外の考え方によれば，どのような場合に解散をなしうるかについて憲法上制限はないことになります。つまり，69条説においては，解散は内閣不信任の場合に限定されるのに対して，それ以外の説ではそうした制限は存在していないからです。しかしながら，一般的には，内閣の恣意的な解散権の行使は許されないと考えられています。つまり，衆議院で内閣の提出した重要案件が否決された場合，総選挙で争点とならなかった新たな重要課題が生じた場合，更には内閣が基本政策を根本的に変更する場合などに限定して考えるべきだとする意見が多いのです。

　しかし，後で少し詳しく検討するように，日本の議院内閣制を民主的に機能させるためには，内閣に無制限の解散権を認めたほうがよいのではないかと考える有力な議論も存在します。したがって，解散権の行使に限界はあるのかという問題については，単に解散権の憲法上の根拠に基づいて検討するだけでは足りず，議院内閣制の本質や運用をも視野に入れて考えることが必要です。

5．内閣総理大臣

（1）憲法上の地位

　明治憲法には，内閣についてと同様，内閣総理大臣に関する規定も存在していませんでした。「内閣官制」で定められた機関でしかなかったのです。内閣官制では，「内閣総理大臣ハ各大臣ノ首班トシテ機務ヲ奏宣シ旨ヲ承ケテ行政各部ノ統一ヲ保持ス」（2条）と定められていましたが，実際には，総理大臣にこの首班としての役割を果たすために十分な権限は確保されていませんでした。このため，内閣総理大臣がリーダーシップを発揮することはきわめて難しかったのです。こうして，明治憲法下の内閣総理大臣は，一般に，「同輩中の首席」にすぎないと解されました。

　これに対して，日本国憲法は，内閣総理大臣に憲法上の機関，それも「首長」としての地位を与えています（66条1項）。しかも，後でより詳しく見るように，こうした地位に対応するものとして，国務大臣の任免権（68条）のほかに，「内閣を代表して議案を国会に提出し，一般国務及び外交関係について国会に報告し，並びに行政各部を指揮監督する」（72条）などの権限が認められています。したがって，日本国憲法における内閣総理大臣の地位と権限は，明治憲法の下でのそれと比べた場合，飛躍的に強化されているといえます。

　こうしたことから，学説は，内閣総理大臣の「首長」たる地位は，「同輩中の首席」としての内閣の首班たる地位と，大統領や宰相たる地位との中間に位置づけられるものと解してきました。しかし，このような位置づけには曖昧さが残されています。代表的な学説によると，内閣総理大臣は，一方では，他の国務大臣よりも上位にあるとしつつ，他方では，行政権は内閣全体に属し，その方針は閣議で決定され，またそ

の責任も内閣全体に属するので，総理大臣は内閣における首長たる地位にとどまるとされているからです。

　「他方では」以下の文章の理解の仕方によっては，内閣総理大臣の地位がかなり弱められる可能性があります。憲法の下位法である内閣法の規定内容は，そうした可能性を少なからず含んでいました。その結果，総理大臣を中心とした内閣が国政全体の視点から指導力を発揮するという政治のあり方は，必ずしも現実のものとはなっていませんでした。内閣法の一部改正を含む中央省庁等改革関連法の制定（1999〔平成11〕年）は，このような政治の現状を変え，内閣総理大臣の「首長」たる地位をより明確なものにしようとする試みでもあったのです。

（2）指名および任命手続

　内閣総理大臣は，国会の指名に基づいて天皇が任命します（憲法6条1項）。改めて説明するまでもなく，天皇の任命は形式的なものにとどまり，国会の指名が実質的な決定を意味します。

　憲法は，総理大臣になりうるための資格として，2つのことを要求しています。文民であること（66条2項）と国会議員であること（67条1項）です。前者については国務大臣との関わりで既に触れましたので，ここでは，後者の要件に関する議論を概観しておくことにします。まず，67条1項にいう「国会議員」に関して，衆議院議員でも参議院議員でもよいと解する点について学説上争いはありません。これに対して，国会議員であることが指名要件だけでなく，在職の要件でもあるのかについては対立があります。在職の要件ではないと解する見解もありますが，議院内閣制の本旨などを理由に在職要件であると考える見解のほうが有力です。

　指名手続のほうに目を転じましょう。衆参両院が指名の議決を行って

その内容が一致した場合，国会の指名が成立します。一致しない場合には，衆議院の指名の議決が最終的には国会の議決とされます（67条2項）。国会による指名の議決が成立すると，衆議院議長から内閣を経由して天皇に奏上され（国会法65条2項），天皇による任命が行われる運びとなります。

（3）権　限

　先に見たように，日本国憲法は，内閣総理大臣を「首長」として位置づけているわけですが，そうした地位に見合ったいくつかの重要な権限が与えられています。まず，国務大臣の任命権だけでなく罷免権も認められています（68条）。後者の罷免権は，明治憲法下では制度的にもまた事実上も存在していなかったものです。総理大臣の地位が高められていることを裏づける証拠の1つです。憲法は，ほかに，法律や政令に主任の国務大臣として署名し，あるいは主任の国務大臣とともに連署すること（74条），国務大臣の訴追に対して同意を与えること（75条）も定めています。

　また，憲法は，総理大臣に，内閣を代表して，議案を国会に提出し，一般国務や外交関係について国会に報告し，更には行政各部を指揮監督する権限を認めています（72条）。ただ，最後の「行政各部を指揮監督する」権限については，内閣法が「内閣総理大臣は，閣議にかけて決定した方針に基いて，行政各部を指揮監督する」（6条）と規定していることに注目しておく必要があるでしょう。「閣議にかけて決定した方針に基いて」を厳しく適用すると，総理大臣のリーダーシップが弱められることが考えられるからです。

　この点について，最高裁判所は，いわゆるロッキード丸紅ルート事件判決（最大判平成7・2・22刑集49巻2号1頁）の中で，閣議にかけて

決定した方針が存在しない場合であっても,「内閣の明示の意思に反しない限り,行政各部に対し,随時,その所掌事務について一定の方向で処理するよう指導,助言等の指示を与える権限を有する」と述べて,柔軟な解釈を示しています。

なお,内閣法は,閣議を主宰すること(4条2項),主任の大臣間における権限に関する疑義を裁定すること(7条),行政各部の処分や命令を中止せしめること(8条)といった従来認めてきた権限に加えて,先の改正により,内閣の重要政策に関する基本的な方針その他の案件を閣議に発議することを総理大臣の権限としました(4条2項)。

6. 議院内閣制

(1) 政府と議会の関係のあり方

政府と議会の関係のあり方には,多様なタイプがあります。主要なものとしては,政府と議会の間のより厳格な分立を特徴とする大統領制(アメリカ),柔軟な分立を特徴とする議院内閣制(イギリス),そして議会に権力が集中することによって,政府の独立性が認められない議会統治制(スイス),の3つを挙げることができるでしょう。

こうした類型の中で,日本国憲法が議院内閣制を採用していると解することについてほとんど争いはありません。そこで,日本国憲法における議院内閣制のあり方を検討する前に,議院内閣制の本質に関する議論を概観することにします。設問は,まさにこの論点に関わっています。

(2) 議院内閣制の本質

議院内閣制の本質を何に求めるかについては,学説上争いのあるところです。設問にあるように,大別して,均衡本質説と責任本質説の二通りの考え方が存在しています。

議会と内閣との均衡を重視する前者の見解は，議会の不信任決議権に対抗する不可欠の武器として内閣に解散権を認め，それによって議会と内閣が均衡するところに議院内閣制の本質を求めます。これに対して，後者の責任本質説によれば，議院内閣制の本質を内閣が議会に対して政治的責任を負うことに求め，議会の不信任決議権に対抗する解散権が存在していなくても議院内閣制でありうるとされます。これも設問で説明されているとおりです。

　議院内閣制の歴史的展開をたどると，そこには，議会統治制に近いものから大統領制的なものに至るまで，様々なバリエーションが存在しています。そしてそれらに共通する要素を探していくと，結局，①議会と政府が一応分立していること，②政府が議会に対して連帯して責任を負うこと，の2点に行き着かざるをえません。責任本質説のほうが有力な見解となっている理由です。

(3) 日本国憲法と議院内閣制

　先に述べたように，日本国憲法が議院内閣制を採用していると解することに，学説上ほとんど争いはありません。

　こうした理解は，憲法上の以下の諸規定から導かれています。①内閣は，行政権の行使について，国会に対し連帯責任を負うこと（66条3項），②内閣総理大臣および国務大臣の過半数は，国会議員の中から選ばれなければならないこと（67条，68条1項），③内閣総理大臣の指名は国会の議決でなされること（67条），④内閣は，衆議院で不信任の決議案を可決し，または信任の決議案を否決したときは，10日以内に衆議院が解散されない限り総辞職しなければならないこと（69条），⑤内閣総理大臣および国務大臣は，いつでも議案について発言するために議院に出席することができ，また答弁あるいは説明のため出席を求められた

ときは，議院に出席しなければならないこと（63条）などです。

こうした規定のありようから，大統領制や議会統治制を導くことはできません。政府と議会の間の柔軟な権力分立によって特徴づけられる議院内閣制と解さざるをえないのです。また，先に概観した均衡本質説と責任本質説のいずれから見ても，議院内閣制と位置づけられることになるでしょう。

日本国憲法における内閣の成立と存続が，国会，とくに衆議院に基盤を置いていることは明らかです。そしてこのことと，先に概観した内閣総理大臣の首長性とが結びつくことによって，日本国憲法の下では，国民→国会→内閣（内閣総理大臣）→大臣→官僚→国民という，1つのサイクルが成立することになるように思われます。ところが，実際にはこのサイクルの円滑な回転を妨げる法制度上の仕組みが存在し（たとえば，分担管理原則など），またそれと政党状況が組み合わさると，総理大臣を中心とする内閣はしばしば統治の要としての役割を果たすことができない事態に追い込まれます。

そこで，こうした事態から脱出するための構想の1つとして提唱されたのが，「国民内閣制」でした。この構想によれば，国政の基本となるべき政策体系とその遂行責任者たる内閣総理大臣を国民が議員の選挙を通じて事実上直接的に選択し，しかもそこでの内閣は直接国民に責任を負うことになるとされます。ところで，この「国民内閣制」論においては，解散制度の存在と運用が重視されます。解散制度の存在こそが，議会と内閣にとって絶えず国民の意思へ近づこうとする動因となると解されているからです。したがって，こうした考え方からすると，均衡本質型の議院内閣制のほうが，民主的に機能する可能性をより多く秘めているということになります。

コラム⑤　独立行政委員会

　独立行政委員会は，19世紀末から20世紀にかけて，主にアメリカ合衆国で発展した制度です。背景としては，経済システムの高度化にともなう行政作用の複雑化などが挙げられています。日本では，敗戦後，GHQの指導の下に行政の民主化の一環として，国だけでなく地方レベルでもかなり広い範囲で導入されました。代表的な例は，内閣府に外局として設置されている公正取引委員会です。しかし，その後，「責任の明確化を欠き，能率的な事務処理の目的を達し難い」などの理由から，この制度は大幅に整理縮小されました。

　ところで，独立行政委員会に共通する特徴としては，第1に，数人の委員によって構成される合議体であること，第2に，一般行政庁からの職権の独立性を有すること，そして第3に，行政的権限のほかに準立法的権限と準司法的権限を併有していることが挙げられています。では，このような特徴を有する独立行政委員会は，日本国憲法の下でどのように位置づけられるべきなのでしょうか。とくに，憲法65条との関係が問題とされてきました。

　学説の大勢は，独立行政委員会の合憲性を認めています。でも，認める際の議論は，一様ではありません。議論の入り方には，大別して，二通りの考え方があります。1つは，憲法65条はすべての行政権行使を多かれ少なかれ内閣のコントロールの下に置いている，との解釈を前提に議論を進めるものです。もう1つの考え方は，65条は，必ずしもすべての行政権を内閣のコントロール下に置いているわけではないという立場に立ちます。つまり，憲法65条に関する例外として，内閣の統制に服さない行政権行使の可能性を認めるアプローチです。

　まず，前者のアプローチから見てみることにしましょう。このアプローチを採る代表的見解によれば，内閣から完全に独立した行政機関を設

けることは，国会による内閣の民主的統制によって行政の民主性を確保しようとしている憲法の趣旨に反することになるが，少なくとも内閣に人事権と予算権とが認められ，また職務権限の行使について独立性を保障するだけの合理的根拠の存する限り，独立行政委員会を設けることは憲法に違反するものではないと解されています。この考え方においては内閣に人事権や予算権が認められていることが重視されていますが，もしそうだとすると，裁判所すらも内閣のコントロール下に置かれることになるのではないかといった疑問が出されています。そこで，第2のアプローチが追求されることになります。

　このアプローチは，まず，憲法65条の規定振りに着目します。つまり，憲法41条が国会を「唯一」の立法機関とし，また76条1項が「すべて」司法権を裁判所に帰属せしめると定めているのに対し，65条は，単に「行政権は，内閣に属する」と規定して，「唯一」あるいは「すべて」といった限定的な語句を用いていないことに注目するのです。そして，そこに，行政権の一部が内閣以外の行政機関に分散されるとともに，それらの機関が独立して職権を行使することの憲法上の根拠を求めようとします。ただ，これだけでは不十分なので，国会のコントロールや独立行政委員会の職務の性質なども考慮に入れる必要があるでしょう。職務の特殊性に応じた独立行政委員会の独立の必要性の度合いと，国会による直接的なコントロールを視野に入れた総合的な判断によって合憲性を根拠づけることが求められるように思われます。最近の議論では，こうした考え方が有力です。

参考文献

芦部（高橋補訂）・憲法〔第5版〕，pp. 312-325

今関源成「閣議の方法」大石＝石川・争点，pp. 248-249
大石眞『憲法講義Ⅰ』（有斐閣，2004年）pp. 85-90，pp. 132-150
佐藤幸・日本国憲法論，pp. 474-505
高見勝利「議院内閣制の意義」大石＝石川・争点，pp. 218-221
野中他・憲法Ⅱ〔第5版〕，pp. 163-223
長谷部・憲法〔第5版〕，pp. 357-385
日笠完治「内閣総理大臣の地位」大石＝石川・争点，pp. 226-227
毛利他・憲法Ⅰ，pp. 223-253

6 | 裁判所

《設　問》社会保障と税の一体改革との関連で，消費税の税率を大幅にアップする法律改正が行われたのに対して，それに反対した野党の党首が原告となり，この改正法律について，国民の生存権と財産権を侵害することを理由にその違憲確認を求めて，直接，最高裁判所に訴えが提起されたと仮定します。このような訴えは認められるでしょうか。日本国憲法における違憲審査制のあり方をふまえて検討してください。

《目標・ポイント》日本国憲法は，違憲審査制を採用しています。81条で，「最高裁判所は，一切の法律，命令，規則又は処分が憲法に適合するかしないかを決定する権限を有する終審裁判所である」と定めているからです。しかし，日本国憲法における違憲審査制が具体的にはどのようなものであるのかについては，学説上議論のあるところです。設問で問われていることは，こうした議論と深く関わっています。したがって，本章では，日本国憲法における違憲審査制のあり方を正確に理解することが課題となりますが，その課題を遂行するためには，司法権の意味や裁判所の地位・組織・権限などについて検討することも必要となります。司法権や裁判所の憲法上の位置づけを正確に理解することなしに，違憲審査制のあり方を的確に捉えることはできません。違憲審査制は，それぞれの国の裁判のあり方，更には広く裁判を取り巻く「法文化」のありようと密接に関わっているのです。

《キーワード》警察予備隊違憲訴訟，司法権，法律上の争訟，最高裁判所，下級裁判所，裁判員裁判

1. 警察予備隊違憲訴訟

(1) 訴訟の概要

　上記設問を検討する際に重要な手がかりを与えるものとして，警察予備隊違憲訴訟最高裁判決（最大判昭和27・10・8民集6巻9号783頁）があります。この訴訟は，朝鮮戦争の勃発（1950〔昭和25〕年）とそれにともなう警察予備隊（現在の自衛隊の前身）の創設がきっかけとなっています。警察予備隊の設置という事実を前に，当時の日本社会党の委員長が原告となり，1951（昭和26）年4月1日以降，国が行った警察予備隊の設置および維持に関する一切の行為（行政行為はもちろん事実行為，私法上の行為のほか予備隊の設置維持に関する法令規則のすべてを含む）は憲法9条に違反して無効であることの確認を求める訴えが，直接，最高裁判所に提起されたのです。

　このような訴えを直接最高裁判所に提起できる理由として，原告は，憲法81条によって，最高裁判所が一般の司法裁判所としての性格と憲法保障機関としての憲法裁判所の性格を併せもつことになったことをふまえて，最高裁判所が憲法裁判所としての性格を有する以上，違憲法令処分の効力を直接最高裁判所で争いうることは当然であると主張しました。では，このような主張に対して，最高裁判所はどのように答えたのでしょうか。

(2) 判決の結論と理由

　最高裁判所の判断は，本訴訟は不適法であるので却下するというものでしたが，その際，「わが現行の制度の下においては，特定の者の具体的な法律関係につき紛争の存する場合においてのみ裁判所にその判断を求めることができるのであり，裁判所がかような具体的事件を離れて抽

象的に法律命令等の合憲性を判断する権限を有するとの見解には，憲法上及び法令上何等の根拠も存しない」と述べています。

そして，このような結論を導き出すための論理は次のようなものでした。「わが裁判所が現行の制度上与えられているのは司法権を行なう権限」ですが，その「司法権が発動するためには具体的な争訟事件が提起されることを必要」とします。そうすると，「裁判所は具体的な争訟事件が提起されないのに将来を予想して憲法及びその他の法律命令等の解釈に対し存在する疑義論争に関し抽象的な判断を下すごとき権限を行い得るものではない」ことになります。要するに，「最高裁判所は法律命令等に関し違憲審査権を有するが，この権限は司法権の範囲内において行使されるものであり，この点においては最高裁判所と下級裁判所との間に異るところはない」とされたのです。

(3) 若干の検討

最高裁判所の考え方からすると，上記設問の解答もこの判決と同じように，「訴え却下」になりそうです。しかし，学説における議論は必ずしも一致しているわけではありません。学説における議論を検討する前に，違憲審査制の諸類型について簡単に見ておくことにしましょう。一般に，2つのタイプに分類されています。「司法裁判所型」と「憲法裁判所型」です。

司法裁判所型は，通常の司法裁判所が，具体的な法律上の争訟を前提として，それを裁判するに当たり適用すべき法令の合憲性を審査するもので，憲法判断は判決理由中で示されることになります（付随的違憲審査制）。アメリカ合衆国がその採用国の代表例だとされています。これに対して，ドイツで採用されている憲法裁判所型は，具体的な法律上の争訟を前提としないで，特別に設けられた憲法裁判所が抽象的に法令の

合憲性を審査するものです（抽象的違憲審査制)。憲法判断は判決主文で示されます。

　以上の分類を前提として，学説では，大きく分けて3つの立場が存在していました。まず第1の立場は，日本国憲法の違憲審査制は上で見た「司法裁判所型」に基本的に限られるとする考え方です。次に第2の立場は，司法裁判所型に加えて，最高裁判所には具体的な訴訟事件を離れて「抽象的」に違憲審査を行う権限も認められていると解する考え方です。警察予備隊違憲訴訟は，このような考え方を前提に提起されていました。最後に第3の考え方ですが，これは，憲法上の規定からはどちらとも判然としないから，抽象的違憲審査権が最高裁判所に認められるかどうかはもっぱら法律で決められることになると解するものです。法律委任説とも呼ばれています。

　こうした学説における論争は，警察予備隊違憲訴訟最高裁判決によって終止符を打たれたように思われました。第1の立場が通説的見解となったからです。そして，このような通説・判例の考え方からすると，先に述べたように，設問にあるような訴えは当然認められないことになるでしょう。では，これで，違憲審査制をめぐる問題はすべて解決したのでしょうか。その後の展開を見ると，必ずしもそうとはいえません。そのことを確認するために，日本国憲法における「司法権」概念について少し考えてみることにしましょう。

2. 司法権

(1) 司法権と法律上の争訟

　警察予備隊違憲訴訟最高裁判決は，違憲審査権は「司法権の範囲内」で行使されるものだと述べていました。したがって，日本国憲法における違憲審査制を正確に理解するためには，司法権の意味や範囲について

検討することが不可欠となります。

　上記判決は，「司法権が発動するためには具体的な争訟事件が提起されることを必要」とするとしていました。では，「具体的な争訟事件」とはどういうものでしょうか。裁判所法に出てくる「法律上の争訟」とほぼ同義に解されているように思われます。ちなみに，裁判所法3条1項は，「裁判所は，日本国憲法に特別の定のある場合を除いて一切の法律上の争訟を裁判」すると規定しています。最高裁判所によると，法律上の争訟とは，「当事者間の具体的な権利義務ないし法律関係の存否に関する紛争であつて，且つそれが法律の適用によつて終局的に解決し得べきものである」と解されています（最判昭和28・11・27行集4巻11号2760頁）。このような理解からすると，法律上の争訟は，①「当事者間の具体的な権利義務または法律関係の存否（刑罰権の存否を含む）に関する紛争」であって，②「法律の適用により終局的に解決しうべきもの」という2つの要素からなっているといえるでしょう。

　学説における理解も基本的には同じです（「事件・争訟性」の要件などと呼ばれています）。そうすると，司法権の範囲には，「法律上の争訟」，すなわち「事件・争訟性」の要件を満たしている訴えしか入ってこないことになりそうです。ところが，裁判所法3条1項は，それには該当しない訴訟であっても，法律で定めれば裁判所の権限に属する余地を認めています。「裁判所は，日本国憲法に特別の定のある場合を除いて一切の法律上の争訟を裁判し」のあとに，「その他法律において特に定める権限を有する」と規定しているからです。実際，行政事件訴訟法は，必ずしも当事者間の具体的な権利義務ないしは法律関係の存否に関する紛争とはいえない，いわゆる「客観訴訟」を認めています。

（2）客観訴訟と違憲審査

　行政事件訴訟法は，客観訴訟として，「民衆訴訟」（5条）と「機関訴訟」（6条）を法律で定めることを認めています。法律で定められている民衆訴訟の代表的なものとして，選挙無効訴訟・当選無効訴訟（公職選挙法202条以下）と住民訴訟（地方自治法242条の2）がありますが，最高裁判所は，こうした訴訟においても違憲審査権を行使することを認め，実際にいくつかの裁判において違憲審査をしています（政教分離原則をめぐる地鎮祭訴訟や議員定数不均衡訴訟などです）。

　「特定の者の具体的な法律関係につき紛争の存する場合」とは必ずしもいえない民衆訴訟において違憲審査権が行使されることは，はたして先に検討した警察予備隊違憲訴訟最高裁判決の論理と両立するのでしょうか。そこで，次のような疑問が提起されることになります。通説・判例は，「行政事件訴訟法に定める民衆訴訟・機関訴訟のいわゆる客観訴訟について，立法政策上の見地から設けられたものと解してこれを是認し，その合憲性に議論の余地のあることの言及がない。しかし，かかる論法によるならば，いわゆる抽象的違憲審査制を法律で設けることも，立法政策の問題と化さないか」というものです。最高裁判所の客観訴訟に対する態度は，先に言及した法律委任説を許容するように見えるけれども，それは，通説・判例の考え方と矛盾するのではないか，という問題提起であるともいえるでしょう。

　このような問題提起に対しては，大きく分けて二通りの対応がありうるように思われます。1つの対応は，通説・判例の論理にできる限り引き寄せて答えを見いだそうとするものです。つまり，法律（あるいは法律改正）で，「具体的事件を離れて抽象的に法律命令等の合憲性を判断する権限」を裁判所に認めることは日本国憲法の下では許されず，また，客観訴訟における違憲審査権の行使についても認められないと解す

る立場です。仮に認める場合には，いわゆる事件性の要件を擬制することができるような条件が満たされていることが必要であるとします。

これに対して，もう1つの立場は，判例の論理と客観訴訟の現状となんとかして両立させる，もしくは客観訴訟における違憲審査のありようをより進める方向で判例の論理を読み込もうとする考え方です。おそらく，この立場によっても，日本国憲法の下でいわゆる「典型的な抽象的違憲審査」，つまりドイツ憲法で採用されているような，一定の提訴権者の提訴に基づいて法律そのものを直接の対象として行われる違憲審査まで認めるところまではいかないように思われます。しかし，具体的な法的利益の侵害が存しない場合であっても，国家行為が具体的に処分などの形で行われている限りは違憲審査権の行使が認められると解されたり，あるいは更に進んで，司法裁判所の本質に反しない限度で，最高裁判所に一定の抽象的違憲審査権を認めることは立法政策の問題であると考えられることはありうるように思われます。

こうした議論をふまえて設問を再検討した場合，第1の立場によれば，憲法改正をしない限り認められないということになりそうです。これに対して，第2の立場からすると，今のままでは無理ですが，法律改正をすれば認められる可能性が出てくるのではないでしょうか。ところで，警察予備隊違憲訴訟最高裁判決は，司法権の範囲内で違憲審査権を行使できる点においては「最高裁判所と下級裁判所との間に異るところはない」と述べていました。

では，違憲審査権を行使することができる日本の裁判所の具体的なあり方はどのようになっているのでしょうか。項を変えて，少し詳しく見ておくことにしましょう。

3. 裁判所の組織と権能

(1) 概　観

　日本国憲法は，76条1項で，「すべて司法権は，最高裁判所及び法律の定めるところにより設置する下級裁判所に属する」と規定しています。この規定によると，最高裁判所だけが，憲法によって直接設置が要請されている裁判所ということになります。そして，先に見たように，最高裁判所は，憲法上，憲法問題について判断する「終審裁判所である」と位置づけられています（81条）。

　裁判所の種類や位置づけについて憲法が直接規定しているのはこれだけですので，ほかは法律に委ねられていると解されます。実際，最高裁判所や下級裁判所の具体的なあり方，それぞれの裁判所の管轄，そして審級制度などについては法律で定められています。現行法上の下級裁判所の種類としては，高等裁判所，地方裁判所，家庭裁判所および簡易裁判所があります（裁判所法2条1項）。順番は前後しますが，まず簡易裁判所から見ていくことにしましょう。

(2) 下級裁判所

　①簡易裁判所　この裁判所は裁判所法が定める最下級の下級裁判所ですが，全国に438カ所あります。民事事件については，訴訟の目的となる物の価額（訴額）が140万円を超えない請求事件について，また刑事事件については，罰金以下の刑に当たる罪や窃盗，横領などの比較的軽い罪の訴訟事件等について，第1審の裁判権をもっています。

　簡易裁判所におけるすべての事件は，1人の簡易裁判所判事によって審理されます。簡易裁判所判事については，3年以上判事補，検察官，弁護士等であった者から任命されるのが原則ですが，これ以外の者も特

別に選考委員会の選考を経て任用される途が開かれています。なお，下級裁判所の裁判官については，憲法が「最高裁判所の指名した者の名簿によつて，内閣でこれを任命する。その裁判官は，任期を10年とし，再任されることができる。但し，法律の定める年齢に達した時には退官する」と規定しています（80条1項）。

②**地方裁判所**　全国に50カ所あります。その管轄区域は基本的に各都府県と同じですが，北海道だけは4つに分かれています。地方裁判所には支部が設けられており，その総数は203を数えます。

地方裁判所は原則的な第1審裁判所と位置づけられているので，他の裁判所が第1審専属管轄権を有する特別なものを除いて，第1審事件のすべてを裁判します。なお，簡易裁判所の民事の判決に対する控訴事件についても裁判権をもっています。地方裁判所の事件は，1人（単独）の裁判官または原則として3人の裁判官から成る合議体のどちらかで審理されます。大多数の事件は単独裁判官によって処理されていますが，「死刑又は無期若しくは短期1年以上の懲役若しくは禁固に当たる罪の事件」や「控訴事件」などについては合議体による裁判が必要となります。また，地方裁判所が取り扱う刑事事件のうち一定のものは裁判員裁判で審理されますが，これについては後で少し詳しく検討することにします。

③**家庭裁判所**　主に家庭事件の審判や調停，少年事件の調査および審判，更に少年法が定める一定の罪に関する刑事事件の第1審の裁判権を有する裁判所です。家庭裁判所は，紛争や非行の背後にある原因を探りつつ，家庭事件や少年事件の事案に応じた適切妥当な措置を講じることによって，将来を展望した解決を図るという理念に基づいた裁判所です。そのため，家庭裁判所には，家庭裁判所調査官という職員が配置されています。調査官は，心理学，社会学，社会福祉学，教育学などの専

門知識を活用した事実の調査や人間関係の調整を行っています。

家庭裁判所とその支部は，地方裁判所とその支部の所在地と同じ所にあります。また，特に必要性の高い所には，家庭裁判所出張所が設けられています。

④**高等裁判所**　下級裁判所の中で最上位に位置づけられている裁判所です。高等裁判所は，地方裁判所もしくは家庭裁判所の判決または簡易裁判所の刑事の判決に対する控訴事件，地方裁判所の民事の第2審判決に対する上告および簡易裁判所の民事の判決に対する飛躍上告事件，更には地方裁判所または家庭裁判所の決定に対する抗告事件について裁判権をもっています。このほかに，選挙に関する行政訴訟（選挙無効訴訟など）や内乱罪等に関する刑事事件について第1審裁判権を有するとともに，公正取引委員会や特許庁のような準司法的機関の審決に対する取消訴訟についても第1審裁判権をもっています。したがって，これらの訴訟事件には三審制の適用がないことになります。なお，高等裁判所における裁判は，原則として，3人の裁判官から成る合議体によって審理されます。

高等裁判所は，8カ所の大きな都市（東京，大阪，名古屋，広島，福岡，仙台，札幌，高松）にあるほか，6つの都市に支部が設けられています。また，最近特別の支部として，東京高等裁判所に知的財産高等裁判所が設置されました。

（3）最高裁判所

①**構　成**　最高裁判所は，長官と14人の最高裁判所判事によって構成されています。長官は，内閣の指名に基づいて天皇によって任命されます。これに対して，14人の判事は内閣によって任命された後に天皇の認証を受けることになっています。なお，現在（2013年3月現在）の裁判

官の内訳を見ると，裁判官出身6名，弁護士出身4名，検察官出身2名，行政官出身2名，学者出身1名（裁判官経験者でもあります）となっています。この比率は，最近ほぼ固まっているようです。

　最高裁判所の裁判官は，弾劾裁判の対象になるほか，「国民審査」に服することになっています。憲法が「最高裁判所の裁判官の任命は，その任命後初めて行はれる衆議院議員総選挙の際国民の審査に付し，その後10年を経過した後初めて行はれる衆議院議員総選挙の際更に審査に付し，その後も同様とする」と定めているからです（79条2項）。そしてその際，「投票者の多数が裁判官の罷免を可とするときは，その裁判官は，罷免される」ことになります（同条3項）。これらの規定に基づいて，「最高裁判所裁判官国民審査法」が制定されていますが，この法律が採用している方式については，何も記入していないと罷免を可としないことになってしまうことなどに批判のあるところです。しかし，最高裁判所は，「国民審査の制度はその実質において所謂解職の制度」であるとして，こうした批判をしりぞけています（最大判昭和27・2・30民集6巻2号122頁）。

　なお，最高裁判所における裁判は，裁判官全員で構成される大法廷（定足数9）と5人ずつで構成される3つの小法廷（定足数3）とで行われます。事件は，まず小法廷で審理されますが，法律，命令，規則または処分が憲法に適合するかしないかを判断するようなときは，大法廷で審理されることになります。

　②**権　能**　最高裁判所は，上告事件と訴訟法において特に定められた抗告事件について裁判権を有しています。上告事件としては，まず高等裁判所の第2審または第1審の判決に対する上告がありますが，そのほかにも，地方裁判所もしくは家庭裁判所の第1審の判決または簡易裁判所の刑事の第1審の判決に対するいわゆる飛躍上告，高等裁判所の民事

の上告審の判決に対するいわゆる特別上告，刑事の確定判決に対する非常上告があります。ともあれ，最高裁判所に対する上告理由については，制限があることに注意が必要です。民事事件と行政事件においては，憲法違反や法律で列挙されている重大な手続違反に限定されています。もっとも，原判決に法令の解釈に関する重要な事項を含むものと認められる事件については，申立てにより，上告審として事件を「受理」することはできます。刑事事件においては，憲法違反または判例違反に限られています。詳しい説明は省略しますが，訴訟法で特に定められている抗告事件についても憲法違反などの場合に限定されています。

　最高裁判所には，以上に概観した権限に加えて，規則制定権や司法行政権も認められています。これらの権限は，長官と14人の裁判官によって構成される最高裁判所裁判官会議の議決に基づいて行使されることになっています。行政府や立法府からの独立を確保して，裁判所の自主的な運営に資するために設けられた仕組みです。

4．裁判員裁判の合憲性

（1）裁判員裁判とは

　裁判員裁判は，司法制度改革の一環として導入されたものです。具体的な制度は，2004（平成16）年に制定された「裁判員の参加する刑事裁判に関する法律」（2009〔平成21〕年5月から施行。以下「裁判員法」と表記）で定められています。

　裁判員裁判とは，原則として，有権者の中から選ばれた6人の裁判員が刑事裁判に参加し，3人の職業裁判官とともに，被告人が有罪かどうか，有罪の場合，どのような刑にするのかを決める制度です。裁判員裁判の対象となるのは，一定の重大な犯罪に関する第1審（地方裁判所）の刑事事件です。たとえば，殺人罪，強盗致死傷罪（強盗が人を死なせ

たりけがをさせたりした場合），現住建造物等放火罪（人の住居等に放火した場合），身代金目的誘拐罪，危険運転致死罪（無謀な運転により事故を起こして人を死なせた場合）などに関する裁判が対象になります。2010（平成22）年に全国の地方裁判所で受理した事件のうち，裁判員裁判の対象となる罪名の事件は約1,800件であったといわれています。

裁判員は，20歳以上の有権者の中から，籤によって無作為に選ばれます。ただし，法律専門職に就いている人，国会議員および自衛官などは法律上裁判員になることはできないとされています。また，70歳以上の人，地方議会の議員（会期中に限る），常時通学を要する課程に在学する学生，生徒，およびやむを得ない理由等があって裁判員の職務を行うことができないこと，または裁判所に行くことが困難な人は辞退することができます。

裁判員裁判における評決については，職業裁判官と裁判員の双方の意見を含む「合議体の員数の過半数の意見」によるとされています。したがって，裁判員だけによる意見では，被告人に不利な判断をすることはできず，職業裁判官が1人以上多数意見に賛成していることが必要となります。

（2）合憲性

裁判員裁判には当初から違憲論があり，根強く存在し続けています。主な理由を挙げてみると，①憲法には，裁判官以外の国民が裁判体の構成員となり，表決権をもって裁判を行うことを想定した規定はないから，裁判員裁判は，何人に対しても裁判所において裁判を受ける権利を保障した憲法32条，すべての刑事事件において被告人に公平な裁判所による迅速な公開裁判を保障した憲法37条1項に違反するうえ，すべて司

法権は裁判所に属すると規定する憲法76条1項，適正手続を保障した憲法31条に違反すること，②裁判員裁判は，裁判官の職権行使の独立を保障した憲法76条3項に違反すること，③裁判員裁判は，裁判員となる国民に憲法上の根拠のない負担を課すものであるから，「意に反する苦役」に服させることを禁じた憲法18条後段に違反すること，などがあります。

　こうした違憲論に対して，最高裁判所は，最近，それらをすべてしりぞけたうえで，裁判員裁判は合憲である旨の判断を示しました（最大判平成23・11・16刑集65巻8号1285頁）。判決によると，「憲法上国民の司法参加がおよそ禁じられていると解すべき理由はなく，国民の司法参加に係る制度の合憲性は，具体的に設けられた制度が，適正な刑事裁判を実現するための諸原則に抵触するか否かによって決せられるべきものである」との基本的な考え方に基づき，具体的な制度と上記憲法上の諸規定とを突き合わせた検討の結果，それらのすべてに反していないとする結論を導き出しています。18条違反に関する議論のみを見ておくと，判決が，裁判員制度は「国民主権の理念に沿って司法の国民的基盤の強化を図るものである」との理解を前提に，「裁判員の職務等は，司法権の行使に対する国民の参加という点で参政権と同様の権限を国民に附与するものであり，これを『苦役』ということは必ずしも適切ではない」と述べていることが注目されます。

コラム⑥　裁判の公開

　日本国憲法は，82条で，「裁判の対審及び判決は，公開法廷でこれを行ふ」と規定して，公開裁判の原則を定めています（1項）。ただし，「対審」については例外が認められています。「政治犯罪，出版に関する犯罪又はこの憲法第3章で保障する国民の権利が問題となつてゐる事

件」を除き，公序良俗を害するおそれがある場合には，裁判官の全員一致により公開を停止することが許されると定められているからです（同条2項）。対審とは，訴訟当事者が，裁判官の面前で口頭によりそれぞれの主張をたたかわせることをいいます。具体的には，民事訴訟における「口頭弁論」，刑事訴訟における「公判手続」がそれに当たります。そして，裁判の公開とは，国民に裁判の傍聴が認められることを意味します。

このような公開裁判の原則との関わりで従来議論されてきた問題の1つに，「非訟事件」手続の合憲性の問題があります。「非訟事件」とは，当事者間の権利義務に関する紛争を前提とせず，紛争の予防のために裁判所が一定の法律関係を形成するという性質の事件を指します。そして，その手続は，一般に，当事者主義・口頭弁論主義を採らず，職権探知主義を原則とし，審理も非公開とされています。そうすると，「非訟事件」の審理も「裁判」と考えられるのであれば，憲法82条との間で衝突が生ずることになります。対審は，原則として公開でなければならないからです。では，最高裁判所は，この問題にどのように答えたのでしょうか。違憲ではないと判断しました。最高裁判所は，「純然たる訴訟事件」については必ず対審の手続を必要とし，公開の法廷で行わなければならないが，その本質において固有の司法の作用には属さない非訟事件については，その手続をどのように定めても憲法違反の問題は生じないと解しているのです（たとえば，最大決昭和35・7・6民集14巻9号1657頁）。

このような最高裁判所の図式的な区別論には，学説上強い批判の存するところです。「裁判を受ける権利」（憲法32条）の実効的保障からすると，非訟事件でも公開が適切な場合もあるし，訴訟事件でも非公開が妥当な場合があることを認める必要があるのではないか，という議論が有

力になりつつあります。

参考文献

芦部（高橋補訂）・憲法〔第5版〕，pp. 326-348，pp. 366-381
安念潤司「司法権の概念」大石＝石川・争点，pp. 250-253
笹田栄司「裁判の公開」大石＝石川・争点，pp. 268-269
中島茂樹「最高裁判所裁判官の国民審査」大石＝石川・争点，pp. 266-267
野中他・憲法Ⅱ〔第5版〕，pp. 225-332
長谷部・憲法〔第5版〕，pp. 387-432
畑尻剛「憲法訴訟と憲法裁判」大石＝石川・争点，pp. 272-273
毛利他・憲法Ⅰ，pp. 254-318
諸根貞夫「裁判員制度」大石＝石川・争点，pp. 270-271

7 地方自治

《設　問》地方分権を更に進めようとする議論の中で，「道州制」の採用が主張されることがあります。「道州制」とは，現在の都道府県の区域では広域行政の要請に応えるには狭すぎるとして，全国を7ないし9のブロックに分けて「道」または「州」を置くとする考え方です。経済界はこの考え方に好意的なようですが，「道州制」には憲法上問題はないのでしょうか。現在採用されている制度のあり方は，都道府県と市町村から成る二段階制です。もしこれが憲法上の要求であるとすると，「道州制」には違憲の疑いが出てくることになります。日本国憲法の定める「地方自治」のあり方をふまえて検討してください。

《目標・ポイント》明治憲法には，地方自治に関する規定はありませんでした。これに対して，日本国憲法は，地方自治に1章（第8章）を当て，4ヵ条の原則的規定を置いています。冒頭に置かれているのは92条ですが，そこでは，「地方公共団体の組織及び運営に関する事項は，地方自治の本旨に基いて，法律でこれを定める」と規定されています。設問は，この規定の解釈と密接に関わっています。したがって，本章では，まず，92条の解釈，とくにそこに出てくる「地方自治の本旨」についての検討から始めることにします。それを行った後で，地方公共団体の組織や権能，条例と法律の関係，更に住民参加などについて考察し，日本国憲法における「地方自治」保障の全体像に迫ろうと思います。今後の地方分権のあり方を展望するためには，このような作業が不可欠だからです。

《キーワード》地方分権，地方自治の本旨，制度的保障論，地方公共団体，道州制，上乗せ条例，住民投票条例

1．地方自治の本旨

(1) 法的含意

「地方自治の本旨」については，一般に，「住民自治」と「団体自治」とから構成されると解されています。住民自治とは，地域団体の政治や行政が地域団体の住民の意思に基づいて行われることを意味し，これに対して，団体自治とは，国から独立した地域団体（地方公共団体等）を設け，この地域団体が自己の事務を自己の機関により自己の責任において自主的に処理することであるとされています。日本国憲法は，これら2つの原則の具体化を通して，明治憲法下の「限定的な自治制度」の克服を目指していると考えることができます。

「地方自治の本旨」については，地方自治を不当な侵害から守るという意味での「消極的な側面」に加えて，「地方自治の本旨」に基づいた制度の形成と運用という「積極的な側面」をも併せて検討しなければなりません。そうした問題意識を前提に，以下では，「地方自治の本旨」の意味をより明確にするために，まず歴史的な観点からの検討を行うことにしたいと思います。「地方自治の本旨」が憲法上に登場した原点に立ち戻って，その「原意」をふまえた再定位を試みたいと考えるからです。

では早速，日本国憲法について審議した帝国議会における議論を概観することにしましょう。憲法問題を担当した金森徳次郎国務大臣は，「地方自治の本旨とはどういうことか」という質問に対して，次のような答弁を行っています。少し長くなりますが，引用します。

「第92条におきまして『地方自治の本旨に基いて』と申しましたのは，是は地方自治と云うことは一定の観念がありますので，其の一定の観念を基本の原理として法律で決める，法律で決めるときの一つの実質

的なる指導原理として『地方自治の本旨』というものを掲げた訳であります，それでは『地方自治の本旨』ということは何を指すのかといえば，是は一つの学問的研究の範囲に属することと思いまするけれども，暫くそれに就きまして申しまするならば，地方自治というものは少なくともそれは国家の一部の地域に於けることでありまするが故に，国家というものと無関係に於て自治を考えうることが出来ぬということが一つの角度となろうと思います，それから他の角度に於きましては，自己の区域内に於きまして，又自己の支配する人の範囲に於きましては十分なる自治を認めて，国家から故なく干渉さるべきでないという一つの原理が生まれて来ると思います，是も亦地方自治の当然の趣旨として現れて来ると思います，そうして又自治の意味は色々にありましょうけれども，あるべき姿の自治，即ち『自治の本旨』という原理から申しますれば，其の中に住んで居ります所の人間の個性を尊重して，そのものの自主的なる政治行動ということを眼目としなければならぬということも考えられて居ります，是等の総てのことを総合致しまして地方自治の本旨ということの指導原理を明らかに致しまして，国家が法律を作って，如何様にも公共団体の組織運営に関する事項を決められるような姿ではあるけれども，此処に謂う指導原理に基かなければならぬと云うことを明らかに致しました訳であります」。

　金森大臣は，「地方自治の本旨」の内容に関して，4点ほど指摘しているように思われます。まず第1に，国家と無関係に地方自治を考えることはできないこと，第2に，地域に対して自己の区域内において十分な自治を認め，国家から故なく干渉されるべきではないこと，第3に，あるべき姿の自治として，地域住民の個性を尊重して自主的な政治活動を眼目とすること，そして第4に，国家は法律で公共団体の組織運営に関する事項を定めることができるけれども，その際「地方自治の本旨」

に基づかなければならないこと，の4つです。

ところで，「地方自治の本旨」をどのように解するかは，地方自治保障の法的性質の問題と深く関わっています。そこで，次にこの問題について少し詳しく検討することにします。

(2) 地方自治保障の法的性質

この点について，学説における議論は分かれています。まず，「固有権説」という考え方があります。この説は，個人が国家に対して固有かつ不可侵の権利をもつのと同じように，地方公共団体もまた固有の基本権を有すると解するものです。第2次世界大戦後における自然法思想の隆盛を背景として，日本国憲法下の初期の学説ではかなり有力な説として主張されましたが，現在では少数説にとどまっています。ただ，地方分権を下支えする議論として常に注目され続けていることに注意が必要です。

第2の考え方は，「伝来説・承認説」と呼ばれるものです。この説は，地方自治権は国家の統治権に伝来し，国の承認もしくは委任に根拠を有すると考えます。金森大臣の「地方自治というものは少なくともそれは国家の一部の地域に於けることでありまするが故に，国家というものと無関係に於て自治を考えうることが出来ぬ」という発言は，この説の一端を示しているように思われます。伝来説・承認説を地方自治は国が承認する限り認められるものと解すると，論理的には，国は地方自治の廃止を含めて地方自治保障の範囲を法律によって自由に定めることができることになります。しかしこれでは，日本国憲法が「地方自治」の章を設けた意味がなくなってしまうのではないでしょうか。今日，このような意味での伝来説・承認説を採る考え方はほとんど見られません。

最後に，現在の通説である「制度的保障説」を検討することにしま

しょう。この説によると，地方自治の保障とは，伝来説的な考え方を前提にしたうえで，地方自治という歴史的・伝統的・理念的な公法上の制度を保障したものと解されます。また，地方自治の本旨については，国の法律をもってしても侵すことのできない地方自治制度の本質的内容もしくは核心的部分を意味すると考えられています。

なお，この制度的保障説においては，何が法律によって侵すことのできない核心的部分なのかが重要な問題となりますが，代表的な学説によると，地方公共団体の都道府県・市町村という二段階の重層的構造，議決機関としての議会の設置，長，議員等の直接公選制，組織権，人事高権，財政高権，自治行政権，財産管理権，条例制定権，公営企業経営権など，かなり広範な内容が指摘されています。こうした議論をそのまま受けとめると，法律で道州制を採用することは，地方自治の本旨に含まれる「地方公共団体の都道府県・市町村という二段階の重層的構造」に反して許されないことになりそうです。しかし，必ずしもそのようには考えられていません。そこで，日本国憲法における「地方公共団体の組織」のあり方が問題となります。

2．地方公共団体の組織

(1) 地方公共団体の意味

「地方自治」の章に置かれた92条から95条までの規定は，何が「地方公共団体」に当たるかを明らかにしていません。具体的に定めているのは，地方自治法です。それによると，「普通地方公共団体」として都道府県と市町村が，「特別地方公共団体」として特別区，地方公共団体の組合，そして財産区が挙げられています（1条の3）。

最高裁判所は，憲法上の地方公共団体であるといえるためには，「事実上住民が経済的文化的に密接な共同生活を営み，共同体意識をもつて

いるという社会的基盤が存在し，沿革的にみても，また現実の行政の上においても，相当程度の自主立法権，自主行政権，自主財政権等地方自治の基本的権能を附与された地域団体であることを必要とする」（最大判昭和38・3・27刑集17巻2号121頁）と述べて，東京都の特別区を憲法上の地方公共団体ではないと判断しました。この判決の考え方に基づけば，普通地方公共団体は，憲法上の地方公共団体と位置づけられることになるでしょう。これに対して，特別区以外の特別地方公共団体については，法技術的な要素の強い存在であるだけに，憲法上の地方公共団体ではないと解されることになります。なお，特別区については，最高裁判所の判断にもかかわらず，地方公共団体に位置づけてよいのではないかとする見解も依然として存在しています。

　憲法解釈上の重要な問題として議論されてきたものの1つに，都道府県と市町村から成る二段階制は，はたして憲法上の要求なのかということがあります。本章の設問は，まさにこの論点に深く関わっています。学説は，大きく二通りの考え方に分かれています。二段階制を立法政策と解する考え方と，それを憲法上の要請と解する考え方の2つです。

　まず，前者の二段階立法政策説から見ることにしましょう。この説は，憲法上の地方公共団体を固定的には捉えず，時代や社会の変化にともなって立法政策により変更することを認め，一段階にするか，二段階にするか，あるいは三段階にするかについても立法政策に委ねられていると解するものです。したがって，この説によると，都道府県から地方公共団体としての性格を奪い，市町村だけを地方公共団体とすることにしても，ただちに「地方自治の本旨」に反して憲法違反になるとは考えられないことになるでしょう。

　後者の二段階制憲法保障説については，更に2つの考え方に分けることができます。都道府県と市町村という現行の二層構造が憲法上保障さ

れていると解する考え方と，市町村はともかく，都道府県を維持するか都道府県を統併合した道州とするかは立法政策に委ねられていると解する考え方の2つが存在しているのです。前者の説を採ると，現在の都道府県制を廃止して道州制を導入することは憲法違反と考えられることになります。これに対して，後者の考え方によれば，二段階の地方公共団体の存在を憲法上の要請としながらも，上級の地方公共団体について，都道府県を維持するか地方行政の広域化に対応するために道州制を採用するかは，「地方自治の本旨」に反しない限り立法政策の問題と解されることになります。この説に基づけば，道州制の採用は必ずしも憲法違反になるわけではありません。学説では，このように解する考え方が有力であるように思われます。

（2） 地方公共団体の機関

　憲法上，地方公共団体には，「議事機関として議会」が設置され，「地方公共団体の長，その議会の議員及び法律の定めるその他の吏員は，その地方公共団体の住民が，直接これを選挙する」（93条）ことになっています。

　地方自治法は，憲法93条の規定を受けて，基本的に「首長主義（presidential system）」を採用していると解されています。ただし，首長制を基本とはしていますが，アメリカ型の大統領制には見られない議院内閣制の要素を加味して，特殊日本的な二元代表制を採っていることに注意が必要です。議会は首長の不信任議決を行うことができ，その場合に首長は議会の解散権を有すると定められているからです（地方自治法178条）。

3. 地方公共団体の権能

（1）地方公共団体の事務

　日本国憲法は，94条で，「地方公共団体は，その財産を管理し，事務を処理し，及び行政を執行する権能を有し，法律の範囲内で条例を制定することができる」と定めています。この規定は，権力的作用だけでなく非権力的作用も含めて包括的に地方公共団体の権能を保障していると解されています。

　ところで，地方公共団体の権能に関しては，1999（平成11）年の「地方分権の推進を図るための関係法律の整備等に関する法律」（いわゆる「地方分権一括法」）によって大きな改革が行われたことに注目しておく必要があります。改正前の地方自治法では，地方公共団体の事務として，①「その公共事務」（「固有事務」あるいは「公共事務」），②「法律又はこれに基く政令により普通地方公共団体に属するもの」（「団体委任事務」），③「その区域内におけるその他の行政事務で国の事務に属しないもの」（「行政事務」）の3つが掲げられていました（改正前の地方自治法2条2項）。

　以上の事務のほかに，実際上地方公共団体が行う事務として「機関委任事務」がありました。これは，団体委任事務と異なり，地方公共団体の機関に委任された国（または他の地方公共団体その他の公共団体）の事務を指します。この事務は，当該地方公共団体の事務ではないので，これに関する条例を制定することができず，議会によるコントロールも限定されていました。ところが実際には，機関委任事務が都道府県の仕事量の7〜8割，市町村では4割に達していたといわれています。長い間，改革の必要性が強く主張されていました。

　平成11年改正後の地方公共団体の権能は次のように変わりました。主

なものだけを取り上げることにします。まず,「自治事務」と「法定受託事務」の区分を挙げることができます。法定受託事務については,「法律又はこれに基づく政令により都道府県,市町村又は特別区が処理することとされる事務のうち,国が本来果たすべき役割に係るものであって,国においてその適正な処理を特に確保する必要があるものとして法律又はこれに基づく政令に特に定めるもの」と定義づけられています(改正後の地方自治法2条9項1号。2号では市町村または特別区と都道府県との関係のものが定められています)。これに対して,自治事務とは,「地方公共団体が処理する事務のうち,法定受託事務以外のものをいう」とされています(同条8項)。

　法定受託事務の例として,パスポートの発給事務を挙げることができます。この事務は本来国の仕事ですが,都道府県が代わってその事務を行っています。法定受託事務は,地方公共団体の事務であることに変わりがないので,議会によるコントロールが制限されるという問題も基本的には解消されました。また,その量も,機関委任事務に比べると,減少したといわれています。

　地方分権一括法では,更に,普通地方公共団体に対する国(もしくは都道府県)の「関与」という概念が導入されています。地方自治法は,この関与を類型化するとともに,関与の法定主義,関与の基本原則,関与の手続について定め,国と地方公共団体の関係の公正を図り,透明化に努めています。そしてこのような国の関与に対しては,「国地方係争処理委員会」による審査を経て,最終的には訴訟による解決の仕組みが用意されました。こうして,地方公共団体と国との間に対等な法的立場を保障しようとする仕組みが,必ずしも十分なものといえませんが組み込まれているのです。

(2) 条例制定権

　先に見たように，憲法は，地方公共団体に「法律の範囲内」で条例を定めることを認め（94条），また地方自治法も，同じく地方公共団体に対して，「法令に違反しない限り」での条例制定権を認めています（14条1項）。こうして，地方公共団体は，本来的に国の事務とされるものを除いて，地方公共団体が処理するにふさわしいと考えられる事項について「法律の範囲内」で条例を制定することができることになります。

　改正後の地方自治法は，1条の2第2項で，「国が本来果たすべき役割」に関連する事務として，①国際社会における国家としての存立に関わる事務，②全国的に統一して定めることが望ましい国民の諸活動もしくは地方自治に関する基本的な準則に関する事務，③全国的な規模で，あるいは全国的な視点に立って行なわなければならない施策および事業，の3つを挙げています。これらの事務について条例が定めることは難しいと思いますが，それら以外の事項に関して規定することは「法律の範囲内」であれば可能と考えられます。

　そこで，「法律の範囲内」，あるいは「法令に違反しない限りにおいて」という形で定められている条例制定権の限界が，具体的には何を意味するのかが問題となります。この論点に関連して議論されてきた問題の1つが，「上乗せ条例」の合憲性です。上乗せ条例とは，同一事項について国の法令による規制よりも厳しい規制を定める条例をいい，規制対象を法令の定めるもの以上に広げる，いわゆる「横出し条例」と並んで，公害問題の深刻化とともに登場した条例のあり方です。法令で定められているのと同じ事項について，条例で別の定め，それもより厳しい定めをすることは，「法律の範囲内」もしくは「法令に違反しない限りにおいて」といえるかどうかが問われることになるでしょう。

　かつては，「法律先占論」に基づいて，条例の規律内容が国の法令の

内容と正面から矛盾抵触する場合だけでなく，国の法令が定めている基準以下のものを条例が定めたり，法令が指定する地域以外の地域について条例で同様の規制をしたりすることも違法であって許されないとする考え方が，有力な見解として存在していました。この見解によれば，上乗せ条例は画一的に違法とされ，許されないものとなるでしょう。

　しかし，公害問題の発生とその深刻化は，「法律先占論」に対して反省を迫ることになりました。「法令に違反する場合」を限定的に捉えようとする考え方に変わったのです。許されない条例を，たとえば，①国の法令が一定の基準を設けて規制している場合に，国の法令と同一の目的で，同一の事項につき法令よりも高次の基準を付加するもの，②国の法令が一定の規制をしている事項について，国の法令と同一の目的で国の法令の規制より強い態様の規制をするもの，③法律の特別の委任がある場合にその委任の限界を超えるものなどに限定しようとしました。

　更に，その後の公害規制の深まりに対応して，法令違反とされるのは，法令との抵触が明白な場合だけに限られると考えられるようにもなったのです。こうして，「法律先占論」を前提にしても，上乗せ条例が認められる余地が出てくることになりましたが，認められる場合とそうでない場合との区別の基準がいまだに不明確であることは否めません。

　上に見た考え方とは異なった観点からの議論が，最近有力なものとして主張されるようになってきています。それは，条例制定権の「枠（限界）」として機能してきた「法律」や「法令」に対し，「地方自治の本旨」からの逆「枠（限界）」づけを行う形で問題に迫ろうとするものです。憲法94条の「法律」は，92条が定める「地方自治の本旨」に反することはできません。そうすると，「地方自治の本旨」や人権保障の趣旨から「法律」に枠がはめられることになり，それとともに条例の活動領

域はより強固な根拠をもって確保されることになります。

　このような議論は，具体的には次のような考え方として現れています。まず，法律を，立法的規制のマキシマムを規定していると解される「規制限度法律」と全国的な規制におけるミニマムを定めていると解される「最低基準法律」とに区別します。そして，後者の「最低基準法律」については，地方公共団体が法律の規制以上の規制を地方の実情に応じて定めることが許容されると解するのです。こうした考え方からすれば，公害規制の領域のように，地域差が大きくしかも住民の健康で文化的な生存の権利の保障が問題となる場合には，上乗せ条例の許容度はより高くなるでしょう。

　法律と条例の関係に関する最高裁判所の基本的な考え方を示した判決として，徳島市公安条例事件判決（最大判昭和50・9・10刑集29巻8号489頁）があります。デモ行進を規制する公安条例の合憲性が争われた本件において，最高裁判所は，かなり具体的な判断基準を示しています。すなわち，「例えば，ある事項について国の法令中にこれを規律する明文の規定がない場合でも，当該法令全体からみて，右規定の欠如が特に当該事項についていかなる規制をも施すことなく放置すべきものとする趣旨であると解されるときは，これについて規律を設ける条例の規定は国の法令に違反することとなりうる（①）」とし，「逆に，特定事項についてこれを規律する国の法令と条例とが併存する場合でも，後者が前者とは別の目的に基づく規律を意図するものであり，その適用によつて前者の規定の意図する目的と効果をなんら阻害することがないとき（②）や，両者が同一の目的に出たものであつても，国の法令が必ずしもその規定によつて全国的に一律に同一内容の規制を施す趣旨ではなく，それぞれの普通地方公共団体において，その地方の実情に応じて，別段の規制を施すことを容認する趣旨であると解されるとき（③）は，

国の法令と条例との間にはなんらの矛盾牴触はなく，条例が国の法令に違反する問題は生じえないのである」と判示しているのです。

　この判旨は，あくまでも一般論のレベルにおいてではありますが，条例制定の範囲をかなり広く認めているといえるでしょう。とくに引用の最後の箇所（③），つまり「両者が同一の目的に出たものであつても，国の法令が必ずしもその規定によつて全国的に一律に同一内容の規制を施す趣旨ではなく，それぞれの普通地方公共団体において，その地方の実情に応じて，別段の規制を施すことを容認する趣旨であると解されるときは，国の法令と条例との間にはなんらの矛盾牴触はなく，条例が国の法令に違反する問題は生じえないのである」と述べている部分は，上乗せ条例を許容する趣旨とも読むことができるのではないでしょうか。

4．地方公共団体における住民参加

(1) 直接請求制

　地方自治法では，条例の制定・改廃請求権，事務の監査請求権，議会の解散請求権，長・議員等の解職請求権などのいわゆる「住民の直接請求」制度が採用されています（12条・13条）。たとえば，条例の制定・改廃請求権については，12条1項が「日本国民たる普通地方公共団体の住民は，この法律の定めるところにより，その属する普通地方公共団体の条例（地方税の賦課徴収並びに分担金，使用料及び手数料の徴収に関するものを除く。）の制定又は改廃を請求する権利を有する」と定めるとともに，74条以下でその地方公共団体の有権者である住民の50分の1の連署によって，議会に対し条例の制定改廃を請求することを認めています。

　こうした制度は，住民の投票によって条例そのものを制定したり改廃したりする制度ではないので，厳密には直接民主制的制度とはいえませ

んが，広い意味で捉えた場合にはそれに位置づけることは可能であるように思われます。住民参加に関わる重要な地方自治法上の制度として取り上げた理由です。地方自治法以外の例としては，「市町村の合併の特例に関する法律」による住民発議制度も注目されます。これは，有権者の50分の1以上の請求で合併協議会の設置を請求するものです。なお，合併協議会の設置の議案が議会で否決されたときには，長からの請求またはそれがなかった場合に有権者6分の1以上の請求に基づいて住民投票が実施されることになっています。

(2) 住民投票条例

　近時，直接民主制の理念に基づき住民のより直接的な参加を具体化するものとして，条例による住民投票の制度化と実施が注目されています。1996 (平成8) 年に行われた2つの住民投票がきっかけとなったように思われます。原子力発電所建設をめぐる初めての住民投票である新潟県巻町 (現・新潟市) での投票と日米地位協定見直し，米軍基地整理縮小の賛否を問う沖縄県の住民投票です。前者では，投票率88％で，反対が6割を超えました。また後者の住民投票では，見直しや整理縮小に賛成する票が9割近くにも達したのです。

　なお，これらの住民投票では，その投票結果に法的拘束力は認められておらず，地方公共団体がその結果を尊重するという形になっています。学説の多くも，住民投票を条例で定める場合には，地方自治法の定める議会や長の権限を法的に侵害しない範囲で認められるものであり，法的拘束力をもたない住民投票である限り許されると解しています。ただ，学説の中には，法的拘束力を有する住民投票も，国の個別の立法に関する国民投票とは異なり，憲法上の障害は存在しないと考えられるのだから，地方自治法を改正すれば導入可能だとする見解も有力です。更

にそれを超えて，現行地方自治法に反しないとする考え方も少数ながら存在しています。

コラム⑦　地方自治特別法に関する住民投票

　日本国憲法は，95条で，「一の地方公共団体のみに適用される特別法は，法律の定めるところにより，その地方公共団体の住民の投票においてその過半数の同意を得なければ，国会は，これを制定することができない」と定めて，地方自治特別法に関する住民投票の制度を設けています。この規定については，一般に，41条が定める国会の「唯一の立法機関」性（とくに，国会単独立法の原則）の例外を定めたものと理解されています（第4章参照）。

　本条の立法趣旨として，①国の特別法による地方自治権の侵害の防止，②地方公共団体の個性の尊重，③地方公共団体の平等権の尊重，④地方行政における民意の尊重の4つが挙げられていますが，その中心は①の国の特別法による地方自治権の侵害の防止に求められています。なお，地方自治特別法の実例としては，広島平和記念都市建設法など，1949年から1951年にかけて制定された18都市15件を数える法律がありますが，その後は制定されていません。

　最近の地方分権改革に関する政治学者の議論では，②の理由が強調されている点に注目しておく必要があるでしょう。帝国議会において，金森大臣が以下のように答弁しているからです。「第95条の考えて居ります所は，結局個性の尊重と云う考えの延長でありまして，公共団体が色々あるが，併し或特殊な公共団体が個性を尊重せられずに，一般の力に依ってこれに代った状況に置かれると云うことは余程注意しなければならぬ」と述べているのですが，この発言から，95条の趣旨として「地方公共団体の個性の尊重」を読み取ることは的外れとはいえないように

思われます。

　政治学者の議論の中には，95条について，「消極的な保護規定から，自治を拡大する積極的な根拠規定に読み替えること」を提唱し，それにより「住民の同意を得て特定の自治体に対して例外的な権限を付与し，新たな範疇の地方政府を設立すること」が可能となるとして，いわゆる「一国多制度論」を主張するものがあります。こうした主張と金森大臣の発言を併せ考えるならば，憲法95条は，地方分権を進めるうえで実に豊かな内容を含む規定と位置づけることができるでしょう。

参考文献

芦部（高橋補訂）・憲法〔第5版〕，pp.355-362

大津浩「地方自治の本旨」大石＝石川・争点，pp.308-309

工藤達朗「法律と条例」大石＝石川・争点，pp.314-315

佐藤幸・日本国憲法論，pp.545-572

野中他・憲法Ⅱ〔第5版〕，pp.359-391

長谷部・憲法〔第5版〕，pp.433-443

廣澤民生「『地方公共団体』の意義」大石＝石川・争点，pp.310-311

松井幸夫「住民投票」大石＝石川・争点，pp.320-321

毛利他・憲法Ⅰ，pp.361-381

山元一「地方自治特別法」大石＝石川・争点，pp.322-323

8 人権の観念

《設　問》「仙台市の語学学校で英語教師をしているアメリカ人のXは，10年以上日本に滞在し，日本人女性と結婚もしていた。また，Xは，日本語が堪能で日本文化にも造詣が深く，更に，東日本大震災における被災者の言動に感動して，今後も仙台市に住み続けたいと考えている。ただし，Xの国籍は，アメリカ合衆国のままである。Xのような外国人に地方議会議員の選挙権を認める法律を制定することに，憲法上問題はないか」について検討してください。

《目標・ポイント》基本的人権とはどのようなものでしょうか。一般に，「人が，人であることにより当然に有する権利」と解されています。基本的人権とは，人種，性別，身分などの違いに関係なく，人間であるという，そのことだけをもって当然に認められる権利と解されているのです。日本国憲法は，このような意味での基本的人権を次のように性格づけています。「国民は，すべての基本的人権の享有を妨げられない。この憲法が国民に保障する基本的人権は，侵すことのできない永久の権利として，現在及び将来の国民に与へられる」(11条)。基本的人権の本質を，普遍性と不可侵性において捉えているといえるでしょう。

　日本国憲法が保障する基本的人権は，「誰」によって享有されるのでしょうか。日本国籍を有する自然人としての「国民」に対して保障されるということについて争いはありません。従来，人権の享有主体性に関連して議論の対象とされてきたのは，①天皇および皇族，②法人，③外国人，がはたして享有主体たりうるのかということでした。設問は，③の，外国人が人権の享有主体たりうるのかということに関わっていますが，非常に議論のあるところです。この問題に的確に答えるためには，「人権観念」を正確に理解していることが必要です。こうした考えのもとに，本章では，主に，「人権の享有主体」の問題について検討したいと思いますが，その前に，まず，「人権観

念」の歴史的展開について考察することにします。
《キーワード》フランス人権宣言，ワイマール憲法，国際人権，第三世代の人権，人権の享有主体，法人の人権，外国人の人権，未成年者の人権

1．人権観念の歴史的展開

（1）歴史的展開

　近代的な人権観念の起源を，イギリスのマグナ・カルタ（1215年）や権利章典（1689年）に求める考え方が散見されますが，このような理解は必ずしも的を射たものではありません。これらは，実際には，国王とバロン（封建諸侯＝国王の直接受封者）との契約であり，そこに見られる権利は，「イギリス人の古来の権利」である点で近代的な人権とは異なる，と一般には解されています。人一般の権利としての近代的な人権は，近代的な意味の憲法の成立とともに確立したものです。

　1789年のフランス人権宣言は，「人は，自由かつ権利において平等なものとして出生し，かつ存在する」（1条）と規定する一方で，「すべての政治的結合の目的は，人の時効によって消滅することのない自然的な諸権利の保全にある」（2条）と定めています。ここには，ロックやルソーが説いた「社会契約論」の影響が色濃く見られます。国家を設立する目的が，人の自然的な権利（＝自然権）を保全することにあるとされているからです。

　ところで，近代憲法における人権宣言は，国家による私的領域への介入を排除する自由権，とくに財産権や営業の自由などの経済的自由権を中心に構成されていました。このような経済的自由権の保障に基づいて資本主義経済が発展していくことになるのですが，その結果，もてる者ともたざる者との区分が現れ，時の経過とともにそれが拡大していくこ

とになりました。そこで，新たな人権の捉え方が登場するに至ります。社会権です。

　ドイツのワイマール憲法（1919年）は，「経済生活の秩序はすべての人に，人たるに値する生存を保障することを目指す正義の諸原則に適合するものでなければならない。各人の経済的自由は，この限界内においてこれを確保するものである」（151条1項）と規定するとともに，団結権や労働力の保護といった各種の社会権を定めています。こうした傾向は，第2次世界大戦後に一般化することになります。1946年のフランス第4共和制憲法，1947年のイタリア憲法などがその例ですが，日本国憲法もそうした流れの中に位置づけることのできるものです。

　なお，第2次世界大戦後のもう1つの重要な傾向として，人権について，国内的保障だけでなく国際的な保障についても重視されるようになったことが挙げられます。そのことの背景には，ナチズムやファシズムの体験があります。国際社会における平和を実現するためには，それぞれの国の中で人権がきちんと保障されていなければならないと考えられるようになりました。国連憲章の中に，こうした考えを見ることができます。これを受けて，1948年に，世界人権宣言が国連総会で採択されました。この宣言は法的拘束力を有するものではありませんが，その後，拘束力をもつものとして，1966年に国際人権規約が採択されました。日本は，1979年に，社会権規約（A規約）と自由権規約（B規約）を批准しましたが，その後も，難民の地位に関する条約，人種差別撤廃条約，女子差別撤廃条約，児童の権利に関する条約など，重要な国際人権条約を批准しています。人権に関する条約は，批准によって国内法的効力をもち，法律よりも上位の法的効力を有すると解されています。

　国際人権のあり方に見られる新しい要素に着目して提唱されたのが，「第三世代の人権（the third generation of human rights）」という概念

です。人権観念の捉え直しの試みを含んでいますので，項を変えて概観することにしましょう。

（2）第三世代の人権論

「第三世代の人権」という概念が初めて登場したのは，1971年だといわれています。その背景には，第2次世界大戦後の非植民地化の動きやプロセスがありました。つまり，植民地から独立した発展途上国が多数参加するようになった国際社会の構造変化を反映する形で，新しく主張されはじめた「一群の人権」を前提として，第三世代の人権なる観念が提唱されたのです。したがって，先に述べたように，この観念が国際社会における人権のありようとの関わりで登場したものであることに注意が必要です。国内における人権保障のための諸制度の存在を前提とした概念ではないということです。

ここでは，提唱者の1人である，当時，ユネスコの人権・平和部の部長であったK・ヴァサクの議論に基づいて，第三世代の人権概念の基本的特徴や内容について概観することにします。彼の議論は，以下のような人権の「世代論」という形で展開されています。まず「第一世代の人権」ですが，これは18世紀の末に包括的かつ普遍的なものとして定式化されたもので，自由を確保するための市民的および政治的権利を基本的な内容とするものです。そしてそれは，人間の本性に由来し，国家に対抗しうる「属性の権利」であることを特徴とします。次に，「第二世代の人権」は，社会主義思想やキリスト教思想の影響を受けて，時期的には20世紀初頭のメキシコ革命と，とくにロシア革命に対応して登場したものとされています。この人権は，人間が平等になることを可能にする，経済的・社会的・文化的権利から成り，国家にその実現を要求することのできる権利という意味で，「債権の権利」として性格づけられて

います。

　最後に登場するのが，「第三世代の人権」です。これは，友愛（fraternité）と連帯（solidarité）の精神によってもたらされる「新しい人権」であると解されています。そして，その新しさは，ヴァサクによれば，次の2点に求められています。1つは，その内容における新しさです。第三世代の人権が表明しようとしている「諸願望」は，発展，平和，環境，人類の共同財産，人道的援助などですが，これらの実現は，従来，全面的に国家に委ねられていたものです。したがって，それらを人権として取り上げようとしているところに，第三世代の人権論の新しさがあるというわけです。もう1つの新しさは，その性格に求められています。つまり，この新しい権利は，国家に対抗しうるものであると同時に，国家に要求しうるものでもあると解されています。そして第三世代の人権を本質的に特徴づけることとして，それが「社会活動におけるすべての行為主体，すなわち個人，国家，公的および私的団体ならびに国際共同体の努力の結合によってしか実現されえない」ものであることが指摘されています。なお，ヴァサクが第三世代の人権に位置づけられる権利として具体的に挙げているのは，「発展への権利」，「平和への権利」，「環境への権利」，「人類の共同財産への権利」，そして「人道的援助への権利」の5つです。

　以上に概観した第三世代の人権論については，それが提唱された当初からその有効性や妥当性に関して盛んに議論されています。こうした議論に関わりを有すると思われるものに，人権観念の質的限定と量的拡張の区別論があります。それによれば，人一般の権利としての人権という定式のもつ意味を重視し，人権観念を限定的に使うことによって「切り札としての人権」を確保しようとする立場（「質的限定論」）と，人権の発展史をふまえて，人権を広義に解しようとする立場（「量的拡張論」）

とが区別されることになります。第三世代の人権論は後者の立場に親和的ですが，前者の立場に立つ論者のほうが多いように思われます。そして，こうした立場の違いは，人権論の「構え」，すなわち人権の捉え方，語り方，扱い方と深く結びついています。人権に関わる様々な論点について考える際には，こうした「構え」の自覚化・明確化が前提となります。

2．人権の享有主体

(1) 概　説

　先に述べたように，日本国憲法が保障する人権が，日本国籍を有する自然人としての「国民」に対して保障されるということについて争いはありません。国民とは日本国籍を有する自然人のことを指しますが，その日本国籍の取得要件は，「国籍法」という法律で定められています。そして，日本の国籍法の特徴は，血統主義もしくは属人主義を採用していることにあります。これに対して，アメリカ合衆国などのように，出生地主義あるいは属地主義を採用している国も数多く見られます。

　従来，人権の享有主体性に関連して議論の対象とされてきたのは，①天皇および皇族，②法人，③外国人についてです。現行法上，一般国民とは様々な点で異なった取扱いがなされている天皇および皇族は，人権の享有主体としての国民に含まれるのでしょうか。肯定，否定の両説が存在しています。肯定説は，先に言及した人権の普遍性の観念に基づき，天皇や皇族も人間である限り，人権の享有主体たりうると考えます。これに対して，否定説は，天皇や皇族は憲法上特別な存在として定められているのだから，人権保障についても国民とは違った取扱い，すなわち享有主体性を否定することも許されると解するのです。基本的人権の本質や「構え」をどのように捉えるかが，両説の分かれ目といえる

でしょう。

　基本的人権という観念は，元来，個人としての自然人について考えられ，成立したものです。ところが，今日，私たちが目にしているのは，法人や団体の活動を抜きにしては到底理解することのできない社会です。経済活動の領域における会社や企業の果たしている役割を考えれば，容易に理解することができるでしょう。こうした社会のあり方の変化にともなって，もともとは自然人もしくは個人に対して考えられてきた人権保障が，法人や団体に対しても認められるべきかが問われることになりました。「法人の人権」と呼ばれる問題です。

　伝統的な個人的人権観や日本社会の特殊性（集団主義的性格の強さ）に基づいた否定説も根強く存在していますが，肯定説が支配的な考え方となっています。根拠としては，法人や団体の自然人との結びつきと現代社会における法人や団体それ自体の役割の実態・重要性とが挙げられています。そして，肯定説によれば，自然人固有のものでその性質上法人や団体に対する保障に適しないもの，具体的には一定の人身の自由（たとえば黙秘権など），生存権，選挙権・被選挙権などを除いて，享有可能性が認められるとされます。精神的自由権については，信教の自由が宗教法人に，学問および教育の自由が学校法人に，そして表現の自由も新聞社やテレビ会社に認められていると考えてよいでしょう。会社や企業が経済的自由権の享有主体であることは当然です。ただし，保障の程度については，人権の本質論からいって，法人や団体の人権行使が自然人の人権を不当に制限するものであってはならないと解すべきでしょう。

　最高裁判所は，八幡製鉄政治献金事件判決（最大判昭和45・6・24民集24巻6号625頁）で，人権が性質上可能な限り法人に適用されることを認めています。更に，会社は政治的行為を行う自由を有するので，政

党に政治献金を行うことは自然人と同じように認められると判断しました。後者については，学説上批判の多いところです。政治献金は思想・表現の自由や参政権に関わるものであるから，自然人＝個人と同様に認められるとはいえないのではないか，といった疑問が投げかけられているのです。

　その後，最高裁判所は，税理士会による政治資金の寄付が問題となった，南九州税理士会事件判決（最判平成8・3・19民集50巻3号615頁）で，税理士会が強制加入団体であって，その会員には事実上脱退の自由が保障されていないことから，会員の思想・信条の自由との関係を配慮することが必要であることを理由に，税理士会が政治資金を寄付することは違法であると判断しました。これに対して，同じく強制加入団体である司法書士会が，阪神・淡路大震災で大きな被害を受けた地域の司法書士会に対して復興支援拠出金を寄付した事案において，最高裁判所は，負担金の徴収は会員の思想・信条などの自由を害するものではないと判断して，南九州税理士会事件の場合とは異なり，司法書士会の寄付を容認しました（最判平成14・4・25判時1785号31頁）。

(2) 外国人の人権

　設問に直接関わる「外国人の人権」について，少し詳しく検討することにしましょう。日本国憲法の下で，はたして外国人に人権享有主体性は認められるのでしょうか，そして仮に認められるとした場合，それはどのような人権についてでしょうか。こうした問題を検討する際には，少なくとも次の3点を考慮に入れておく必要があるでしょう。第1に，国際化の進展にともない人の移動が盛んになったことによって，日本の国家権力の下に外国人が服することが多くなったこと，第2に，人権の国際的保障に関する意識が高まったこと，そして第3に，日本の戦後処

理の結果としての在日外国人の問題が存在していること，の3つです。これらの要因をふまえて，外国人の人権保障について考える必要があります。なお，ここでいう「外国人」とは，日本の国籍をもたない者を指します。

　外国人の人権享有を認めない考え方もあります。日本国憲法は様々な人権について定めている第3章の標題として，「国民の権利及び義務」という表現を用いていますし，憲法を国民と国家の契約と解すれば，憲法上の権利である人権はそもそも国民のみを対象とすることになります。しかし，今日，このような考え方は少数説にとどまっています。支配的な見解（学説・判例）は，肯定的に考えています。その根拠は，人権の前国家的な性格や日本国憲法が重視している国際協調主義に求められています。

　では，どのような人権が外国人に保障されると考えられているのでしょうか。まず，保障される人権と保障されない人権を区別する「基準」が問題となります。かつては，人権条項の中で「国民は」と定めているものは日本国民だけに，「何人も」という表現を用いているものは外国人にも保障されるとする考え方（「文言説」）もありました。しかし，この考え方をあてはめた場合，致命的ともいうべき事態を招く条文があります。「22条2項」です。そこで定められている「国籍離脱の自由」は日本国民だけが対象となるはずですが，その条文は「何人も」という表現を使っているのです。日本国憲法は，人権規定について，必ずしも厳密な用語の使い分けをしているようには思われません。

　そこで，どのような人権が外国人にも保障されるのかについては，権利の性質によって判断するという考え方（「性質説」）が大勢を占めるようになりました。学説・判例は，権利の性質上，可能な限り外国人にも享有主体性を認めるべきであると解しているのです。従来，性質説に基

づいて外国人に保障されない人権と考えられてきたものは，入国の自由，社会権，参政権の3つです。順に，少し詳しく見ていくことにしましょう。

　入国の自由について，最高裁判所は，いわゆる「マクリーン事件判決」（最大判昭和53・10・4民集32巻7号1223頁）の中で，「憲法22条1項は，日本国内における居住・移転の自由を保障する旨を規定するにとどまり，外国人がわが国に入国することについてはなんら規定していないものであり，このことは，国際慣習法上，国家は外国人を受け入れる義務を負うものではなく，特別の条約がない限り，外国人を自国内に受け入れるかどうか，また，これを受け入れる場合にいかなる条件を付するかを，当該国家が自由に決定することができるものとされていることと，その考えを同じくするものと解される」と述べています。こうした考え方は学説でも一般に認められていますので，原則として，外国人には日本に入国する権利はないと解されています。また，入国する権利がない以上，日本に在留し続ける権利もないと考えられています。なお，入国を許可された外国人は，「出入国管理及び難民認定法」（入管法）に基づき，在留期間と在留資格を定められて，日本に在留することになります（ただし，入管特例法によって定められた在留の資格として，「特別永住者」があります）。

　では，生存権（憲法25条）に代表される社会権はどうでしょうか。学説の多くは，従来，財源の有限性などを理由に，社会権はまず各外国人の所属する国（国籍国）で保障されるものであって，外国で当然に保障されるものではないと考えてきました。最高裁判所も，社会保障制度を外国人に適用するかどうかは立法府の広い裁量に委ねられていると解しています（「塩見訴訟判決」最判平成元・3・2判時1363号68頁）。しかし近年では，国際人権の影響などもあって，外国人にも社会権を保障す

るのが望ましいとする学説が有力になってきています。実際，現在の社会保障に関わる諸法律では，かつて存在していた国籍要件のかなりのものが削除されています。

　最後に，設問と直接関わっている「外国人の参政権」について検討することにしましょう。外国人の参政権については，一方で，国民が主権者として国政を運営することを含意する「国民主権原理」との関係が問題となります。日本国憲法は，15条1項で，選挙権を「国民固有の権利」と位置づけてもいます。しかし他方で，先に示した，外国人の人権を検討する際におさえておかなければならない「3つの要因」を考慮する必要があります。

　公職選挙法は，選挙権と被選挙権を日本国民に限定しています（9条・10条）。このような法律のあり方を変えて外国人に参政権を認めることと，憲法との関わり方については，地方選挙と国政選挙とを分けて考えるか否かで見解が分かれるとともに，更に外国人への選挙権付与を憲法が禁止しているのか（＝憲法違反である），要請しているのか（＝憲法が求めている），それとも許容しているのか（＝憲法はどちらとも定めていない）によっても考え方が分かれます。

　以上の考え方の組み合わせによって，少なくとも5つのタイプの議論に分けることができます。外国人に選挙権を認めることについて，より厳しい議論から順に見ていくことにしましょう。①全面禁止説（国政選挙であれ地方選挙であれ，外国人に選挙権を認めることは国民主権原理などから見て憲法違反である），②国政禁止地方許容説（国政選挙については許されないが，地方選挙について法律を改正することにより選挙権を与えることは憲法上禁じられていない），③全面許容説（憲法は外国人に選挙権を保障するか否かについては沈黙しているので，国政選挙であれ地方選挙であれ，法律を改正することによって選挙権を与えるこ

とは憲法上禁じられていない），④国政許容地方要請説（国政選挙については法律を改正することで外国人にも選挙権を認めることができるのに対して，地方選挙については定住外国人など一定の外国人に選挙権を認めないことは違憲である），⑤全面要請説（国政選挙であれ地方選挙であれ，一定の外国人に国民に対するのと同じように選挙権を認めなければ違憲である）。これらの議論のうち，以前は①の全面禁止説が通説的な地位を占めていましたが，最近では②の国政禁止地方許容説が有力になりつつあります。

　では，判例はどのように解しているのでしょうか。最高裁判所は，国政選挙の選挙権・被選挙権，さらに地方選挙の選挙権・被選挙権について一通り判断を示していますが，地方選挙権が争われた1995（平成7）年判決（最判平成7・2・28判時1523号49頁）において，地方許容説的な考え方を示しています。この訴訟は，永住者たる地位を有する在日韓国人らが原告となり，定住外国人は憲法上地方公共団体における選挙権を保障されているとして，被告選挙管理委員会に選挙人名簿に登録することを求める異議の申出（公職選挙法24条）を行ったところ，これが却下されたため，この却下決定の取消しを求めて提起された，いわゆる名簿訴訟（同25条）です。

　最高裁判所は，本判決において，一方で，憲法は国政・地方ともに外国人に対して選挙権を保障していると解することはできないとしながら，他方で，地方については，きわめて限定した範囲においてですが，憲法は法律で外国人に選挙権を付与することを禁止していないと判断しました。つまり，判決は，「憲法93条2項にいう『住民』とは，地方公共団体の区域内に住所を有する日本国民を意味する」ことを根拠に外国人に地方選挙権を保障したものではないと解しつつ，「外国人のうちでも永住者等であってその居住する区域の地方公共団体と特段に緊密な関

係を持つに至ったと認められるものについて，その意思を日常生活に密接な関連を有する地方公共団体の公共的事務の処理に反映させるべく，法律をもって，地方公共団体の長，その議会の議員等に対する選挙権を付与する措置を講ずることは，憲法上禁止されているものではないと解するのが相当である」と述べているのです。

　本判決は，外国人の地方選挙権に関する最初の最高裁判決であり，またいわゆる許容説的な考え方を示した今のところ唯一の最高裁判決としても注目されています。なお，永住外国人に地方選挙権を認めようとする法律案は，今まで何度か国会に議員提出法案として提出されているのですが，いずれも本格的に論議されないままに終わっています。被選挙権については，国家意思の形成に直接関与することになるので，国民主権原理との関わりで外国人には認められない，と一般には考えられています。

コラム⑧　公職選挙法137条の2および239条の合憲性

　公職選挙法は，137条の2第1項で，「年齢満18年未満の者は，選挙運動をすることができない」と規定するとともに，同2項で，「何人も，年齢満18年未満の者を使用して選挙運動をすることができない。ただし，選挙運動のための労務に使用する場合は，この限りでない」と定めています。また，これらの規定に違反した者は，239条1項1号により，「1年以下の禁錮又は30万円以下の罰金」に処せられることになっています。こうした規定のあり方は，未成年者の人権を過度に規制するものであって，憲法から見て許されないとは考えられないでしょうか。学説上議論のあるところです。

　未成年者あるいは子どもも，一般に，人権を享有する主体として認め

られています。つまり，未成年者も基本的人権享有の主体になることを前提にして，保障される人権の性質に従って，未成年者の心身の健全な発達をはかるための必要最小限度の制約は憲法上許される，と解されているのです。何が「必要最小限度の制約」といえるのかが問題となりますが，有力な学説は「限定されたパターナリスティックな制約」がそれに当たると主張しています。すなわち，「成熟した判断を欠く行動の結果，長期的にみて未成年者自身の目的達成諸能力を重大かつ永続的に弱化せしめる見込みのある場合に限って国家の干渉が正当化される」とする考え方です。

　では，このような考え方を未成年者の選挙運動を禁止する諸規定に当てはめると，結論はどうなるでしょうか。限りなく「黒」，すなわち「違憲の疑いが濃い」ということにならざるをえないように思われます。憲法違反ではないとする根拠としては，憲法上選挙権が未成年者に認められていないこと（15条3項）や未成年者を政治や選挙の「汚れた世界」に巻き込まないことなどが挙げられています。前者については，15条1項で保障される選挙権と21条に根拠を有する選挙運動の自由とは憲法上区別することが可能ですし，仮に選挙権をもたない者であっても，有権者に投票のための情報を提供するために意見表明の機会を認めてもよいのではないでしょうか。後者の「汚れた世界」に巻き込まないという理由は，「限定されたパターナリスティックな制約」として正当化できそうな気もします。しかし，よく考えてみると，自ら積極的にそうした世界に関わることによって，政治的に成熟しようとしている未成年者を排除してよいかは疑問ですし，何よりも後者の観点からは137条の2第2項で足りるのではないか，という考え方がありえます。「汚れた世界」に巻き込もうとする大人を処罰するだけで，立法目的は達成できるように思われるからです。

参考文献

芦部（高橋補訂）・憲法〔第 5 版〕，pp.75-97
小泉良幸「法人と人権」大石＝石川・争点，pp.78-79
後藤光男「外国人の人権」大石＝石川・争点，pp.74-75
佐藤幸・日本国憲法論，pp.105-156
辻村みよ子「人権と憲法上の権利」大石＝石川・争点，pp.64-65
野中他・憲法Ⅰ〔第 5 版〕，pp.201-236
長谷部・憲法〔第 5 版〕，pp.87-124
米沢広一「未成年者と人権」大石＝石川・争点，pp.76-77

9 人権の適用範囲と分類

《設　問》「IT業界の大手であるY社は，就業規則で，定年年齢につき男性満55歳，女性満50歳と定めていました。大学卒業後この会社に勤めていたXさんは，満50歳を迎えた翌月に退職を命じられました。これに対して，Xさんは，就業規則のこのような規定は性別に基づく差別に当たり，憲法14条等に違反するから無効である，と主張して訴えを提起しました」。この事例に含まれる憲法上の問題点について検討してください。なお，現在では，Y社のような就業規則（＝「使用者が事業場における労働条件の具体的細目や就業上守るべき規律を定めたもの」）を定めることはできません。「男女雇用機会均等法」は，定年について，女性であることを理由に差別的取扱いをすることを禁じています（6条4号）。

《目標・ポイント》基本的人権は，「誰」による侵害から守られなければならないのでしょうか。「公権力」によって侵されてはならないということについて争いはありません。では，「私人」（個人だけでなく，法人や団体を含む）による侵害についてはどのように考えるべきでしょうか。いわゆる「人権の私人間効力」の問題です。これは，私法関係にも憲法の人権規定の効力が及ぶかという問題でもありますが，設問はこの問題と密接に関わっています。したがって，本章では，まず，「人権の私人間効力」について検討します。その後で，「特別の法律関係における人権」について，主に公務員の人権を取り上げ考察します。そして最後に，次章以下で検討する個別具体的な人権の整理のために，人権の「分類」もしくは「類型」について考えることにします。

《キーワード》私人間効力，社会的権力，特別の法律関係，公務員の政治的行為，人権の分類

1．人権の私人間効力

（1）概　説

「人権の私人間効力」とは，憲法の人権規定が，国家（公権力）対個人の関係だけでなく，私人間ないし私人間の法律関係である私法関係にも適用あるいは効力があるのか，という問題です。そして，この問題が議論されるようになった背景には，近代憲法の伝統的な捉え方とその変化があります。近代憲法は，伝統的には，国家対個人の関係を規律する法であると捉えられてきました。したがって，それに含まれる人権も，国家との関係で国民に保障された権利や自由だと考えられてきたのです。他方で，私人相互の関係を規律する法原理として，「私的自治の原則」の存在が認められてきました。その結果，私法関係では，一般に，憲法上の人権規定の出る幕はないと解されていたのです。

ところが，資本主義経済の発展や高度化にともなって，企業や労働組合といった国家権力に匹敵する「力」をもった団体が数多く生まれることになりました。「社会的権力」の登場です。そして，この社会的権力による個人や私人に対する人権侵害が，大きな社会問題として意識されるようになりました。そこで，憲法の保障する人権を私人間にも適用することによって，個人の人権を保護すべきではないか，という「私人間効力」の問題がクローズアップされるようになったわけです。

私人間効力を具体化する方法としては，①憲法に明記する方法，②立法による方法，③憲法解釈による方法，の3つを考えることができます。①の憲法に明記する方法とは，憲法自らが，人権規定を私人間に適用することを明文で定めるものです。日本国憲法は，15条4項で，「選挙人は，その選択に関し公的にも私的にも責任を問はれない」と規定していますが，これが①の方法の具体例になります。②の例としては，使

用者による被用者（労働者）の人権侵害を禁止する規定が含まれている「労働基準法」という法律などの存在を挙げることができます。③は，①や②の方法で解決ができないときに，解釈によって人権規定を私人間に適用しようとする方法です。「私人間効力」の問題として議論されるのは，この③の方法に関わっています。では，学説における議論から見ることにしましょう。

　従来の学説における議論は，基本的には，①無効力（無適用）説，②直接効力（直接適用）説，③間接効力（間接適用）説，の3つに大別されます。まず，無効力説ですが，これは，憲法の人権規定は，特段の定めのある場合を除き，私人間には効力がないと解するものです。この議論の背景には，先に言及した伝統的な近代憲法観，つまり，憲法は国家対個人の関係を規律する法であると捉える考え方が存在しています。この考え方からすると，社会的権力による人権侵害を憲法の観点から問題にすることはできなくなりますので，現在ではほとんど支持されていません。ただ，最近，自然権的な人権は民法などの私法にも取り込まれているので，憲法規定を持ち出すまでもなく，私人間における人権保障は可能であるとする，「新無効力（適用）説」と呼ばれる考え方が登場しています。

　直接効力説とは，憲法の人権規定は私人間においても直接効力があるとするものです。その根拠は，「新しい憲法観」とも呼ぶべき考え方に求められています。つまり，そこでは，憲法は，国家の秩序というよりも，国民の生活秩序を定めたものであり，憲法上の原則は，すべての法分野に妥当する客観的な価値体系を示したものである，と捉えられているのです。論理的にすっきりしていて，分かりやすい考え方ではないかと評価する人も多いかもしれません。しかし，直接効力説に対しては次のような疑問が投げかけられています。たとえば，憲法に基づくとはい

え，私的自治の原則が広く制限されることになり，妥当ではないといった批判です。また，直接効力説によれば，人権を制限もしくは侵害する主体として，国家権力と私人を同列に扱うことになりますが，これは，両者の間に存在する違い（たとえば，合法的な暴力装置の保持など）を無視することになりかねないという疑問も提起されています。

　従来，通説的な地位を占めてきたのは，これから概観する間接効力説です。間接効力説とは，人権規定の趣旨や規定ぶりから直接的な効力を有すると考えられるものを除いて，民法90条の公序良俗規定のような私法の一般条項を媒介にして，憲法の人権規定を私人間に間接的に適用しようとするものです。私法関係に直接適用されるのはあくまでも民法などの私法であって，憲法上の人権は，民法の一般条項を介する形で間接的に適用されるという考え方です。この考え方は，人権の対国家権力性という伝統的観念を維持しながら，他方で私的自治の原則を尊重することによって，人権規定の効力拡張の要請を充たそうとするものです。この説によると，たとえば，民法90条は「公の秩序又は善良の風俗に反する事項を目的とする法律行為は，無効とする」と規定していますが，とくに「公の秩序」の中に憲法の人権保障の趣旨を読み込み，人権を侵害する私人の法律行為を無効とすることになります。

　民法90条によって無効となるのは，「法律行為」です。法律行為とは，法によって行為者が希望したとおりの法律効果が認められる行為を指します。「契約」が代表的なものですが，就業規則も法律行為に該当します。では，私人の「事実行為」による人権侵害の場合には，どのように考えたらよいのでしょうか。事実行為とは，人の意思に基づくことなしに法律効果を発生させる行為をいいます。こうした場合にも効力を及ぼすことを可能にする考え方として主張されたのが，「国家行為（State Action）の法理」と呼ばれるものです。アメリカに起源を有するこの法

理は、人権の伝統的な考え方を前提にしたうえで、具体的な私的行為による人権侵害を国家権力による侵害と同一視して、憲法の人権規定を私人間に適用しようとするものです。この法理には、大別して、2つの説があります。国家類似説と国家同視説です。

国家類似説とは、社会の中で、巨大な権力を行使する社会的権力といわれるものの構造と機能を考えて、その構造・機能が国家に類似するようなものには人権規定を直接適用することができるのではないかと考えるものです。これに対して、国家同視説は、一般の私人や私的団体と国家との結びつき、あるいは関わり合いがきわめて密接な場合に、その私的団体や私人の行為を国家権力によるものと同視して人権規定を直接適用しようとするものです。

学説では、先に概観した「間接効力説」と「国家行為の法理」とを適切に組み合わせる形で運用することによって、人権をめぐる私人間の争いを検討すべきであるとする考え方が有力です。

(2) 判 例

では、判例ではどのような考え方が採られているのでしょうか。私人間効力に関するリーディング・ケースと位置づけられてきたのは、いわゆる三菱樹脂事件判決（最大判昭和48・12・12民集27巻11号1536頁）です。一般に、この判決は、間接効力説を採用していると解されています。判決は、まず、憲法の人権規定は「国または公共団体の統治行動に対して個人の基本的な自由と平等を保障する目的に出たもので、もっぱら国または公共団体と個人との関係を規律するものであり、私人相互の関係を直接規律することを予定するものではない」と述べて、直接効力説を否定しています。また、「私的支配関係においては、個人の基本的な自由や平等に対する具体的な侵害またはそのおそれがあり、その態

様，程度が社会的に許容しうる限度を超えるとき」は，「私的自治に対する一般的制限規定である民法1条，90条や不法行為に関する諸規定等の適切な運用によって，一面で私的自治の原則を尊重しながら，他面で社会的許容性の限度を超える侵害に対し基本的な自由や平等の利益を保護し，その間の適切な調整を図る方途も存する」ことを指摘しています。異論がないわけではありませんが，この議論は，間接効力説に親和的なものであると解されています。

ところで，最高裁判所は，設問と似た事件について判決を出しています。いわゆる日産自動車事件判決（最判昭和56・3・24民集35巻2号300頁）です。会社側は，この裁判において，女性の定年を5歳若く設定した理由について，女子従業員は賃金と労働能率の不均衡が男子の場合よりも早期に生じること，高齢女子労働者の労働能力が男子より劣ることなどを挙げました。これに対して，最高裁判所は，会社側の主張を認めませんでした。判決によると，女性の定年年齢を男性よりも低く定めた就業規則の規定は，「専ら女子であることのみを理由として差別したことに帰着するものであり，性別のみによる不合理な差別を定めたものとして民法90条の規定により無効であると解するのが相当である（憲法14条1項，民法1条の2［著者注：現在の2条］参照）」とされたのです。間接効力説的な考え方に基づいて事件の解決が図られた，と解してよいのではないでしょうか。

2. 特別の法律関係における人権

(1) 概　説

国民の中には，国家との間で「特別の法律関係」にある人々がいます。公務員や在監者（未決拘禁者と既決受刑者）がその代表的な例です。こうした人たちの人権保障はどのように考えられるべきでしょ

か。かつては,「特別権力関係」という概念で,これを説明する考え方がありました。そして,この特別権力関係概念の下では,①法の支配が否定され,②それによって人権の制限が容易に認められ,しかも③特別権力関係内部における公権力の行為に対しては原則として司法審査は及ばない,と考えられていたのです。

　このような考え方が,基本的人権の尊重を基本原理としている日本国憲法の下でそのまま認められることはありえません。特別な法律関係の存在を認めるとしても,そこにおける人権の制限は,あくまでもそのような法律関係が設定もしくは維持される目的を実現するために必要最小限度にとどまっていなければならないでしょう。学説・判例いずれも,基本的にはこのように考えています。しかし,公務員や在監者に対する個別具体的な制限が憲法から見てどのように評価されるべきか,という具体的な判断になると,学説と最高裁判所の間にズレが出てきます。学説の多くは,現在の法制度の下でなされている様々な制限について疑問をもっているのに対して,判例はそれらに対していずれも合憲と判断しているからです。「公務員の人権」に関する問題を取り上げ,少し詳しく検討することにしましょう。

(2) 公務員の人権

　公務員の人権については,労働基本権に対する制限も問題になりますが,ここでは,「政治的行為の自由」に対する制限の合憲性について検討することにします。まず,制限のありようについて概観します。国家公務員法102条は,一般職の国家公務員が公選による公職の候補者になることをはじめいくつかの行為を禁止するとともに,人事院規則に定める政治的行為をしてはならないと規定しています。そして,この規定を受けて制定された人事院規則14－7は,数多くの政治的行為をすべての

一般職の国家公務員に対して「一律」に，しかも勤務時間外においても「全面的」に禁止しています。また，これらの規定に違反した場合には，懲戒処分ができるほかに，3年以下の懲役または100万円以下の罰金に処せられることになっています。地方公務員に対しても地方公務員法で制限が定められていますが（36条），国家公務員と比べると緩和されています。禁止される政治的行為の範囲が限定されていますし，地方公務員の場合には刑事罰が定められておらず，懲戒処分が科されるだけです。

　こうした制限のありよう，とくに国家公務員のそれについては，学説から強い批判が出されています。「特別の法律関係における人権」について，代表的な学説は，まず，当該特別の法律関係が憲法によって明示的に設定されているか，あるいはその存在が当然に前提とされているかを検討し，次に，問題となっている人権制限が，この特別の法律関係を維持するために必要最小限の制限といえるかどうかを吟味する必要があると解しています。このような考え方を政治的行為の制限に当てはめると，たしかに前者の関門はクリアします。公務員関係は，憲法15条2項（「すべて公務員は，全体の奉仕者であつて，一部の奉仕者ではない」）等によって，憲法上明示的に設定されているといえます。しかし後者の関門はどうでしょうか。現在の法制度によって国家公務員に対してなされている制限は，必要最小限といえるでしょうか。学説の多くは，あまりにも広範に過ぎる制限なので，違憲の疑いが濃いと解しています。

　これに対して，最高裁判所は違憲ではないと判断しています。リーディング・ケースとされているのは，いわゆる猿払事件判決（最大判昭和49・11・6刑集28巻9号393頁）です。事案は，民営化前の郵便局の局員が，非番の日に，自分が支持する政党から衆議院議員総選挙に立候補していた人物の選挙用ポスターを公営掲示場に掲示し，また，同じポ

スターを知人にも掲示するように依頼したのに対して，このような行為が国家公務員法102条および人事院規則14－7の禁止する政治的行為に該当するとして起訴されたというものです。

第1審判決（旭川地判昭和43・3・25下刑集10巻3号293頁）の結論は，郵便局員は無罪というものでした。この判決では，機械的労務を提供するにすぎない非管理職にある現業公務員が勤務時間外に国の施設を利用することなく，しかも職務を利用し，もしくはその公正を害する意図なしに政治的行為を行った場合には，その行為から生じる弊害は著しく小さいにもかかわらず，懲戒処分だけでなく刑事制裁をも法定することは必要最小限度の制約を超えるものである，と判断されたのです。

これに対して，最高裁判所は郵便局員の有罪を認めました。判決理由では，「公務員の政治的中立性が維持されることは，国民全体の重要な利益にほかならないというべきである」から，「公務員の政治的中立性を損なうおそれのある公務員の政治的行為を禁止することは，それが合理的で必要やむをえない限度にとどまるものである限り，憲法の許容するところであるといわなければならない」としたうえで，具体的な判断にあたっては，「禁止の目的，この目的と禁止される政治的行為との関連性，政治的行為を禁止することにより得られる利益と禁止することにより失われる利益との均衡の3点から検討することが必要である」ことを指摘しています。学説からは，具体的な判断の仕方，とくに3つ目の比較衡量論に対して疑問が投げかけられています。

判決によると，制限は，「単に行動の禁止に伴う限度での間接的，付随的な制約に過ぎず」，しかも「国公法102条1項及び規則の定める行動類型以外の行為により意見を表明する自由までをも制約するものではな」いので，「公務員の政治的中立性を維持し，行政の中立的運営とこれに対する国民の信頼を確保するという国民全体の共同利益」と比べる

と，得られる利益のほうが失われる利益より重要であると考えられています。これに対して，学説の多くは，判決が展開している「言論」と「行動」の峻別論を問題にしています。つまり，判決は，本件で争われている制限について，「言論（＝意見表明）」の自由に対しては間接的・付随的な制約にとどまっているから，その制限の程度は小さいと解しているのですが，学説は，「行動」への制限は結局「言論」そのものに対する制限に帰着することになるので，必要最小限の制限とはいえないと捉えています。

いずれにしても，学説は，現行法による国家公務員の政治的行為に対する「一律・全面的」といってよい制限のあり方に関して，公務員関係という「特別の法律関係」を維持するために必要最小限度の制限といえるかについて多大の疑問を抱いているのです。こうした学説における議論と先に概観した最高裁判所の考え方との間に存在するズレを，憲法における人権保障の意義に立ち戻って厳密に検討することが必要です。

3．人権の分類

（1）概　説

日本国憲法は，第3章で様々な人権を定めています。それら多様な人権を，その性質に応じて類型化し，その法的特徴を明らかにすることは，人権についての理解を容易にするためにきわめて有益な作業です。実際，類型化のための種々の試みがなされてきました。先に概観した人権の歴史的展開をふまえた，自由権と社会権の区別を柱とする分類が最も代表的なものです。

ここでは，そうした様々な試みの中から，人権保障規定の裁判規範性の性格や程度に着目した分類を取り上げ，少し考えてみることにしたいと思います。日本国憲法は，先に検討したように，81条によっていわゆ

る「司法裁判所型の違憲審査制」を採用しました。したがって，具体的な事件の裁判所への提起をきっかけとして行われる違憲審査，これを1つの重要な手段として，人権保障を実現しようとしているといえます。そうだとすれば，個々の人権保障規定が，具体的な裁判においてどのような意味をもつことになるのかということ，すなわち，人権規定の裁判規範性は人権保障のあり方を考えていくうえできわめて大きな意味をもつことになるでしょう。

では，このような観点から見た場合，どのような分類や類型を描くことができるでしょうか。4つの基本的人権を柱として立て，一方で，それら4つの権利の相互関係を確定するとともに，他方において，それら諸人権からもれた権利を4つの柱の周辺に位置づけるという類型化があります。なお，そこでの4つの柱とは，①内面性精神的自由権，②外面性精神的自由権，③経済的自由権，そして④生存権的基本権です。順に簡単に見ていくことにしましょう（このような分類については，伊藤・憲法206頁以下参照）。

（2）分類の内容

まず①の内面性精神的自由権ですが，日本国憲法では思想および良心の自由（19条）がこれにあたります。この自由は，人間の人格形成のための心の中での精神活動を保護しようとするものです。その意味で，人間存在の本質に関わるものといえます。また，内心の活動にとどまっている限り他者の利益との衝突はありえないので，制限の理由が見当たりません。そうすると，文字通りの内面性精神的自由権は，絶対的な保障を受ける権利といって差支えないものです。ただし，内面性精神的自由権が外部的な行動との関わりで問題になる場合がありますが，その場合には，必ずしも絶対的な保障を受けるとは考えられないことに注意が必

要です。

　これに対して、②の外面性精神的自由権については、法的規制の可能性を完全には否定することができません。表現の自由（21条）に代表されるこの類型の自由は、個人の精神活動の外部的な現れを憲法上保護しようとするものですが、この外部への表現行為は他者の利益や権利と衝突する可能性があります。このことは、表現行為による名誉毀損やプライバシーの侵害を思い起こせば容易に理解することができるでしょう。したがって、内面性精神的自由権よりは弱い保障にとどまらざるをえないことになります。では、③の経済的自由権と比べた場合、どのように考えられるでしょうか。精神的・知的な存在である人間の自己実現や民主制（＝自己統治）のプロセスの適切な運用にとって本質的な意味を有する外面性精神的自由権のほうが、より強い保障を受けると考えてよいのではないでしょうか。

　経済的自由権は、人間の経済生活の基礎を確保するための基本的な自由です。職業選択の自由（22条1項）や財産権の保障（29条）が代表的なものです。福祉国家や社会国家の理念が認められている現代社会では、経済的社会的弱者の救済や社会全体の利益といった観点から、この類型に属する自由に対して制限を加えることは一般に認められると解されています。つまり、合理的範囲内で、社会経済政策的な見地から制限を行うことも憲法上許容されていると解されているのです。

　④の生存権的基本権に該当する代表的な権利は、25条の「健康で文化的な最低限度の生活を営む権利」、いわゆる生存権です。この権利の保障については、異論がないわけではありませんが、憲法の趣旨を受けた立法措置が取られ、この具体的な措置を定めた立法を通して裁判規範としての性格をもつことができると考えられています。しかもその際、立法府の裁量をかなり広く認めざるをえないと解されています。

こうして，裁判規範性のあり方や程度から見た場合，①から④に移るに従って弱くなるという見取り図が描かれることになります。ただし，こうした見取り図については，これはあくまでも一応の目安にすぎないと理解しておくことが必要です。見取り図を厳格に捉えすぎて，個別具体的な人権を必ず柱のどれかにあてはめなくてはいけないといった考え方は妥当ではありません。複数の柱にまたがる権利もありうるし，また，社会の変化にともなってある柱から別の柱に移ることもありうるからです。

　以上の整理で触れられていない重要な人権や権利があります。まず，人身の自由を挙げることができます。精神的な意味はもちませんが，身体の自由を確保されることはすべての人間の自由の前提条件です。そうすると，人身の自由については，外面性精神的自由権に準じたものと考えてよいように思われます。次に，労働基本権の位置づけも問題となります。この権利が，複合的性格を有していることに注意が必要です。経済的条件の向上に関わる経済的自由権の側面と団結の自由に含まれている外面性精神的自由権の側面とがあるからです。したがって，労働基本権のどの側面が争われているかによって，裁判規範性のあり方が違ってきます。では，参政権はどうでしょうか。国民主権と直結する性格からみて，外面性精神的自由権と同じ扱いが考えられるように思います。

　平等の権利も問題となります。これは，保障すべきものの実体ではなく，法的取扱いの仕方に関連するものである点で，いままで見てきた人権や権利と性格を大きく異にしているといわざるをえません。先に見た分類の見取り図に関連づけて議論することは困難なのです。この点については，次章で少し詳しく検討することにします。

コラム⑨ 「公共の福祉」

　日本国憲法は，11条で，「この憲法が国民に保障する基本的人権は，侵すことのできない永久の権利として，現在及び将来の国民に与へられる」と定めています。憲法は，人権を原則として不可侵なものと性格づけているのです。しかし，だからといって，人権は，どんな場合であっても無制限に保障されるというわけではありません。文字通りの意味での内面性精神的自由権を除いては，一定の制約に服することがあることを否定できません。つまり，人権に対する制限であっても，その制限の目的，態様，程度などによっては合憲と判断される場合もあるのです。こうした基本的人権の保障の限界に関連して従来議論されてきたのが，「公共の福祉」の問題です。

　日本国憲法は，この公共の福祉という文言を4つの条文で使っています。12条，13条，22条1項，それに29条2項です。したがって，これら4つの条文で用いられている公共の福祉をどのように解すべきかが問われることになります。学説の中に，公共の福祉による制限が認められるのは，22条1項と29条2項で保障されている権利だけであって，それら以外の人権については内在的制約による制限だけが認められるとする考え方があります。しかし，この考え方は，現在では，あまり支持されていません。なぜなら，この考え方によると，公共の福祉という文言が使われている13条が訓示的な規定になってしまいかねないからです。次章で検討するように，13条は，今日，「新しい人権」の根拠規定として注目されており，その意味で，法的意味を否定する議論は適切ではないと考えられているのです。

　かつての最高裁判所がそうであったように，公共の福祉を，あたかも「水戸黄門の印籠」のごとく用いることも妥当ではありません。公共の福祉を持ち出せばどんな制限でも許されると考えるのは，基本的人権の

尊重を基本原理の1つとして挙げている日本国憲法の精神に沿うものではないからです。したがって，一方で，公共の福祉のより具体的な内容を慎重に吟味すると同時に，他方において，制限の対象となる人権の性質や制限の個別具体的な状況を検討して，許される制限か否かを判断しなければならないのです。制限を様々な角度から考察し，それを日本国憲法の基本原理に照らして判断していくことが必要です。最近の最高裁判所の判決も，こうした方向性を示しているように思われます。

参考文献

青柳幸一「人権と公共の福祉」大石＝石川・争点，pp. 68-69
芦部（高橋補訂）・憲法〔第5版〕，pp. 83-85, pp. 98-117
伊藤正己『憲法（第3版）』（弘文堂，1995年）pp. 206-217
君塚正臣「私人間における権利の保障」大石＝石川・争点，pp. 66-67
佐藤幸・日本国憲法論，pp. 127-136, pp. 156-169
野中他・憲法Ⅰ〔第5版〕，pp. 213-217, pp. 236-261
長谷部・憲法〔第5版〕，pp. 125-137
松本和彦「特別権力関係と人権」大石＝石川・争点，pp. 72-73

10 | 幸福追求権と法の下の平等

《設　問》民法900条4号但書（平成25年改正前のもの。以下同じ）は，法律上の婚姻関係にない男女の間に生まれた子である「非嫡出子」の法定相続分について，「嫡出子」の2分の1と定めていました。この規定の下では，実際の家族生活のあり方がどのようなものであれ，非嫡出子は，「あなたの法定相続分は嫡出子の半分です」と言われることになります。この規定の立法目的については，「法律婚の尊重と非嫡出子の保護の調整を図ったもの」であると説明されていました。このような説明で，法定相続における2分の1という異なった取扱いを正当化できるか否かについて検討してください。

《**目標・ポイント**》日本国憲法は，14条1項で，「すべて国民は，法の下に平等であつて，人種，信条，性別，社会的身分又は門地により，政治的，経済的又は社会的関係において，差別されない」と定めています。違憲審査を求めて提起される裁判のかなりの量が，この規定に関わっていることが指摘されています。したがって，「法の下の平等」の意味については，とくに正確な理解が望まれることになりますが，設問を検討することを通じてこの課題に迫ることにしましょう。また，本章では，憲法13条で規定されている「幸福追求権」についても考察することにします。平等は，同じく13条で定められている「個人の尊重」を前提にしていますが，その意味で，幸福追求権とも密接に関わっているからです。

《**キーワード**》幸福追求権，人格的利益説，一般的自由説，プライバシーの権利，自己決定権，合理的区別

1. 幸福追求権

(1) 憲法13条の法的性格

　日本国憲法は，13条で，「すべて国民は，個人として尊重される。生命，自由及び幸福追求に対する国民の権利については，公共の福祉に反しない限り，立法その他の国政の上で，最大の尊重を必要とする」と規定しています。この規定の後段，つまり，「生命，自由及び幸福追求に対する国民の権利については」以下の部分が，一般に，幸福追求権を定めていると解されています。これに対して，前段は個人の尊厳もしくは尊重を定めているのですが，これを日本国憲法における人権保障のベースに位置づける学説もあります。様々な個別具体的な人権は，いずれも個人の尊厳を実現するために，それから派生した権利であると解するわけです。

　ところで，当初は，憲法13条の幸福追求権から具体的な法的権利を引き出すことはできないと考えられていました。憲法14条以下に列挙されている個別具体的な人権を総称したもので，幸福追求権には特別な法的意味はないと解されていたのです。しかし，その後，社会や経済のあり方の変化にともなって生じた様々な社会問題に直面する中で，幸福追求権は，憲法に列挙されていない「新しい人権」の根拠となる一般的かつ包括的な権利であると位置づけられるようになりました。それとともに，この権利によって基礎づけられる個々の権利は，裁判上の救済を受けることのできる具体的権利であると解されるようにもなったのです。代表的なものとしては，後で検討するプライバシーの権利や自己決定権を挙げることができますが，これらのほかにも，環境権，日照権，静穏権，眺望権，入浜権，嫌煙権，情報権，アクセス権，平和的生存権などが新しい人権として主張されてきました。

ただし，これらの権利について，明確な基準もなく安易に憲法上の権利として認めることになると，「人権のインフレーション現象」が生まれ，人権の価値が低下するおそれが出てくることになります。そこで，代表的な学説は，憲法上の権利といえるかどうかは，①特定の行為が個人の人格的生存に不可欠であるか，②その行為を社会が伝統的に個人の自律的決定に委ねていると考えているか，③その行為は多数の国民が行おうと思えば行うことができるものであるか，④行っても他人の人権を侵害するおそれがないかなど，種々の要素を考慮して慎重に決定しなければならないことを指摘しています（芦部・憲法120〜121頁）。これは，すぐ後で説明する「人格的利益説」を前提にしたものですが，新しい人権については，こうした議論を手がかりに厳密な検討を加えていくことが必要となるでしょう。

　ところで，幸福追求権から導かれる人権の範囲や位置づけについては，二通りの考え方が対立しています。人格的利益説と一般的自由説です。前者の人格的利益説は，幸福追求権を個人の人格的生存に不可欠な利益を内容とする権利の総体と理解します。この説によると，一人ひとりが自分の考えや価値観に基づいて，自分の行動を規律しながら，自分らしく生きてゆくために必要な権利や自由が幸福追求権であると考えられることになります。これに対して，一般的自由説は，個人の自由は広く保護されなければならないとの観点から，服装，飲酒，自動車ないしオートバイ（バイク）の運転などの行為にも憲法の保障が及ぶと解するものです。学説では，どちらかといえば，人格的利益説のほうが有力です。一般的自由説を安易に適用すると，人権の名にふさわしくないものまで憲法上保障されることになり，人権の価値が下がるのではないかといった批判が支持されているからです。

(2) プライバシーの権利

プライバシーの権利についても，多様な理解が存在しています。当初は，「そっとしておいてもらう権利」，「ひとりでほっておかれる権利」，あるいは「私生活をみだりに公開されない権利」として捉えるのが一般的でした。

一般に，わが国の裁判所が初めてプライバシーの権利に言及したのは，「宴のあと」事件に関する東京地方裁判所の判決（昭和39・9・28判時385号12頁）であるとされています。この事件は，三島由紀夫の小説「宴のあと」のモデルとされた元東京都知事候補がプライバシー侵害を理由に謝罪広告と損害賠償を求めたものですが，裁判所は，判決の中で，私事をみだりに公開されないという保障は，不法な侵害に対して「法的救済が与えられるまでに高められた人格的な利益であると考えるのが正当であり，それはいわゆる人格権に包摂されるものではあるけれども，なおこれを一つの権利と呼ぶことを妨げるものではない」との考えを示しました。本判決は，「私事をみだりに公開されないという保障」を私法的次元で論じているのですが，それを「日本国憲法のよって立つところでもある個人の尊厳」と結びつけているところから見ると，憲法，とくに13条を背景にして議論していることに注目しておくことが必要でしょう。

ところで，情報化社会の時代になると，政府あるいは集中化したマス・メディアに情報が集まる傾向が強まりますが，そうした現象は，個人の秘密の保護にとってとても危険な状態でもあります。そこで，プライバシーの権利の新たな捉え方が登場することになります。それが，「自己に関する情報をコントロールする権利」という考え方です。この考え方によれば，個人が自律的に形成すべき領域に関する情報については，他者に対して秘密にしておく権利が認められるべきであるとされま

す。そして，このような権利の保障は，個人に関する情報の収集，保管，利用，更には開示のあらゆる段階で問題とされなければなりませんが，このような考え方を前提にして，実際に法律や条例が制定されているところです。

　この点に関連して注目すべき判決の1つとして，京都市前科照会事件最高裁判決（最判昭和56・4・14民集35巻3号620頁）があります。この事件では，京都市の区役所が弁護士の弁護士法に基づく前科照会に対し前科の事実を回答したことが問題となったのですが，判決の中で，最高裁判所は「前科及び犯罪経歴……は人の名誉，信用に直接かかわる事項であり，前科等のある者もこれをみだりに公開されないという法律上の保護に値する利益を有する」ことを認めました。情報の開示あるいは提供とプライバシー保護の間に存する緊張関係を見事に示すとともに，その緊張関係を，「前科及び犯罪経歴」というプライバシーに関わる情報の中で最もセンシティブなものを優位させる形での解決を図った点が注目されます。

　本判決には，更に注目しなければならない議論が含まれています。伊藤正己裁判官の補足意見です。伊藤裁判官は次のように述べています。「前科等は，個人のプライバシーのうちでも最も他人に知られたくないものの一つであり，……それを公開する必要の生ずることもありうるが，公開が許されるためには，裁判のために公開される場合であつても，その公開が公正な裁判の実現のために必須のものであり，他に代わるべき立証手段がないときなどのように，プライバシーに優越する利益が存在するのでなければならず，その場合でも必要最小限の範囲に限つて公開しうるにとどまるのである」。

　ここには，「自己に関する情報をコントロールする権利」という考え方のより具体的な内容が示されているとともに，プライバシーの権利と

他の利益とのあるべき調整の1つの姿を示すものとして注目しておかなければならない議論が展開されています。

なお，代表的な学説は，「プライバシー」を次の3つに区分して，それぞれに対応する違憲審査のあり方を提唱しています（芦部・憲法124頁）。つまり，そこでは，①誰が考えてもプライバシーであると思われるもの，②一般的にプライバシーと考えられるもの，③プライバシーに該当するかどうか判然としないものに区分して，それぞれに対応する違憲審査基準が検討されているのです。①のプライバシーについては最も厳格な審査基準が妥当し，②③については，原則として，中間的な審査基準（＝「厳格な合理性の基準」）を用いることが考えられるとされています。それぞれの基準の内容については，「法の下の平等」のところで説明しますが，プライバシーの権利に対する制限が裁判で争われているときに参考になる議論といえるでしょう。

(3) 自己決定権

最近，自己決定権という言葉を耳にする機会が増えています。これも新しい人権の1つとして，憲法13条との関わりで議論されているものです。少し難しい表現ですが，自己決定権とは，個人の人格的生存にかかわる重要な私的事項を公権力の介入・干渉なしに各自が自律的に決定できる自由ないしは権利であると解されています。自分自身に関する重要な事柄を自分自身で決める権利と言い換えたほうが分かりやすいでしょうか。この権利の内容に関連して，次のようなことが議論されてきました。①治療拒否や尊厳死など，自己の生命・身体の処分に関する自由，②子どもを産むかどうかの決定や堕胎の自由など，生殖（リプロダクション）に関する自由，③髪形・服装などに関する自由などです。ここでは，③の問題を取り上げ，少し詳しく検討することにします。

髪形や服装を自分で決めることが自己決定権として認められるかどうかについて，上述の人格的利益説と一般的自由説の区別を前提に検討してみると，結論はどうなるでしょうか。人格的利益説では見解が分かれています。髪形や服装の自由は，自分らしく生きるために不可欠なものとまではいえないため人権と認めることはできないとする考え方がある一方で，髪形や服装などの身じまいを通じて自己の個性を実現させ人格を形成する自由は人権として保護されうると解する考え方も存在しているからです。ただし，いずれの考え方においても，髪形の選択の自由を完全に否定する男子生徒の丸刈りについては，その合理性に疑問が投げかけられています。

　では，一般的自由説によると，どのように考えられることになるのでしょうか。髪形の自由は，バイクに乗る自由などと同じように，自己決定権として憲法上保障されることになります。しかし，一般的自由説は，人格的利益説が自己決定権と認める領域に対する保障と同じレベルの保障をすべての領域に及ぼそうと考えているわけではありません。一般的自由説では，先に挙げたバイクに乗る自由の規制は，規制の必要性・合理性を緩やかに審査すればよいと主張されていますが，その一方で，個人の人格的自律ないし人格的生存に関わるとされる髪形の自由については，人格的利益説と同じ程度の違憲審査基準による保障が可能だとする考え方が有力です。このように解すると，保護の対象や程度において，両説の間にそれほど大きな違いは出てこないことになります。

　なお，裁判例として，地裁判決ですが，髪形の自由は憲法13条の自己決定権によって保障されてはいるけれども，高校生にふさわしい髪形を維持し，非行を防止する目的でパーマを禁止する私立高校の校則は髪形の自由を不当に制限するものではないと判断したもの（東京地判平成3・6・21判時1388号3頁）があります。

2．法の下の平等

（1）憲法14条の定める「平等」の意味

　先に示したように，憲法14条1項は，「すべて国民は，法の下に平等であつて，人種，信条，性別，社会的身分又は門地により，政治的，経済的又は社会的関係において，差別されない」と規定しています。この規定については，前段と後段に分けてその法的含意が検討されてきました。「すべて国民は，法の下に平等であつて」までが前段です。これに対して，「人種，信条，性別，社会的身分又は門地により，政治的，経済的又は社会的関係において，差別されない」という部分が後段と呼ばれてきました。では，それぞれ何が問題とされてきたのでしょうか。

　前段については，大別して，二通りの考え方が存在しています。法適用平等説（＝立法者非拘束説）と法定立平等説（＝立法者拘束説）です。前者は，「法の下に平等」とは，法を具体的に適用する国家機関である司法および行政のみを拘束し，立法者を拘束するものではないと解するものです。これに対して，後者の説は，「法の下に平等」は，法の適用だけでなく法の定立をも規制するから，立法者も拘束されることになると解します。現在の通説は，後者の考え方です。差別的な内容の法律をいかに等しく適用しても，結果は差別状態をもたらすだけなので，やはり前者の考え方を採ることはできません。

　後段に関する問題は，5つの列挙事項の性格をどのように理解するかに関わっています。これについても二通りの考え方があります。制限列挙説と例示説です。平等問題は，後段に出てくる5つの事項にだけ関わっているわけではありません。したがって，後段の規定は前段の平等原則を例示的に説明したものである，と一般には理解されています。実際，憲法44条但書は，議員と選挙人の資格について，「人種，信条，性

別，社会的身分，門地，教育，財産又は収入によつて差別してはならない」と定めています。14条1項後段に出てくる5つの事項以外に，3つの事項を付加しています。後段列挙事項が制限的でないことの1つの証といえるでしょう。ただし，後段に列挙された事柄は歴史的に根強い差別の原因となってきたものなので，一般に，それらに関する平等は強く保障される必要があると解されています。

では，憲法14条の定める「平等」の意味についてはどのように理解したらよいでしょうか。同じものは同じように，異なるものも同じように扱う，ということを意味しているのでしょうか。そして，このような捉え方を前提にして，区別あるいは差別的取扱いはどのような場合であっても許されない（「絶対的平等」）と考えるべきでしょうか。このような考え方によると，収入の多寡によって税率が異なる累進課税制度は平等違反になりかねません。また，労働基準法68条は，「使用者は，生理日の就業が著しく困難な女性が休暇を請求したときは，その者を生理日に就業させてはならない」と定めていますが，これも女性と男性を区別しているので平等違反と考えられることになるのでしょうか。

一般には，そのようには考えられていません。何故でしょうか。いままで見てきた平等とは違った捉え方が支配的だからです。つまり，同じものは同じように，異なるものは異なるように扱うことを認める考え方（「相対的平等」）です。そこでは，区別あるいは差別的取扱いが，場合によっては認められることがありえます。「合理的根拠のある区別」は，憲法14条の法の下の平等に違反しないと考えられることになるのです。最高裁判所もこのように考えています。ある判決の中で，「憲法14条1項は法の下の平等を定めているが，右規定は合理的理由のない差別を禁止する趣旨のものであって，各人に存する経済的，社会的その他種々の事実関係上の差異を理由としてその法的取扱いに区別を設けるこ

とは，その区別が合理性を有する限り，何ら右規定に違反するものではない」と述べています。

そこで問題になるのが，合理的なものとそうでないものとを区別する基準です。

(2) 合理的区別と違憲審査基準

かつては，一元的な基準が採られていました。たとえば，憲法上，ある区別が法の下の平等に反しないかどうかを判定するには，その区別とその目的をあわせ考え，そこに民主主義的合理性があるかどうかを検討するといったものです。しかし，このような考え方は，具体的な判断を導く基準としては少し漠としすぎているのではないでしょうか。

最近の学説では，より多元的な基準を考える傾向が有力となっています。三元的基準を例に説明します。この基準論では，まず，人種や信条による差別あるいは精神的自由ないしはそれと関連する問題（選挙権など）の場合には，「厳格な審査基準」が妥当するとされます。この基準は，立法目的が真にやむにやまれないものであり，取られる手段が必要最小限であることを要求するものです。次に厳格度の高い基準とされているのは，「厳格な合理性の基準」と呼ばれるものです。性別や社会的身分による差別あるいは経済的自由に対する消極的規制の場合に妥当すべきもので，立法目的が重要であり，手段がこの目的と実質的な関連性をもっているか否かが審査されることになります。上記2つ以外の場合に用いられるのが，3つ目の「合理的関連性の基準」です。目的が正当で，手段がその目的と合理的関連性をもっていれば，問題となっている区別は平等違反ではないということになります。

以上に概観した学説における議論をふまえて，設問で問われている問題について考えてみることにしましょう。

(3) 民法900条4号但書の合憲性

　この問題について，1995（平成7）年に最高裁判所が判断を示しているので（最大決平成7・7・5民集49巻7号1789頁），それを素材に少し詳しく検討したいと思います。

　事件の事実関係は，今から見ると，かなり特殊なものです。被相続人である女性は，一人娘として父親から跡取りを残すことを期待され，婿養子選びのための試婚が繰り返されるという境遇にあった人でした。申立人は，そのような試婚によって生まれた非嫡出子の子どもでしたが，亡くなった父親の代襲相続人（＝相続人が相続開始前に死亡したときなどに，その者に代わって相続するその者の子どものこと）として，嫡出子側の相続人を相手取り，非嫡出子の相続分を嫡出子の2分の1と定めている民法900条4号但書の規定は憲法14条1項に違反すると主張し，平等な割合による分割を求めたのですが，下級審はいずれもこの主張を認めませんでした。そこで，最高裁判所に特別抗告がなされたわけです。

　最高裁判所はこの特別抗告をしりぞけたのですが，裁判官の意見は一致しませんでした。合憲とする多数意見は15名中10名，違憲と考える反対意見は5名でした。まず，多数意見から見ていくことにしましょう。多数意見は，かなり緩やかな基準で審査をしています。立法理由について，「法律婚の尊重と非嫡出子の保護の調整を図ったものと解される」としたうえで，結論として，「現行民法は法律婚主義を採用しているのであるから，右のような本件規定の立法理由にも合理的な根拠があるというべきであり，本件規定が非嫡出子の法定相続分を嫡出子の2分の1としたことが，右立法理由との関連において著しく不合理であり，立法府に与えられた合理的な裁量判断の限界を超えたものということはできないのであって，本件規定は合理的理由のない差別とはいえず，憲法14

条1項に反するものとはいえない」と述べています。先に見た学説における「合理的関連性の基準」に近い基準に基づいて，問題となっている規定の正当化を行っているといえるでしょう。

これに対して，反対意見は，より厳格な基準に基づいて，本件規定は正当化できないと判断しました。つまり，本件における「判断は，財産的利益に関する事案におけるような単なる合理性の存否によってなされるべきではなく，立法目的自体の合理性及びその手段との実質的関連性についてより強い合理性の存否が検討されるべきである」としているのです。学説における「厳格な合理性の基準」と重なる基準といえるでしょう。そして，具体的な判断としては，「出生について責任を有するのは，被相続人であって，非嫡出子には何の責任もなく，その身分は自らの意思や努力によって変えることはできない」のであるから，「出生について何の責任も負わない非嫡出子をそのことを理由に法律上差別することは，婚姻の尊重・保護という立法目的の枠を超えるものであり，立法目的と手段との実質的関連性は認められず合理的であるということはできない」と述べています。

以上に概観した最高裁判所の決定を前提にして設問を考えてみると，多数意見に従えば「正当化できる」ということになりますが，反対意見に基づけば「正当化できない」ということになるでしょう。その後も，小法廷ではありますが，最高裁判所は合憲判断を示しています。ただし，いずれにおいても裁判官の意見は分かれていますし，最近の高等裁判所の判決では違憲判断が出されています。憲法学説では，反対意見を支持するものが多いように思います。また，1996（平成8）年に，専門家によって構成されている法制審議会民法部会が作成した「民法の一部を改正する法律案要綱」では，「嫡出でない子の相続分は，嫡出である子の相続分と同等とするものとする」ことが提案されていることなどを

考えると，近い将来，判例変更があるのではないかといわれていましたが，実際，最高裁判所はついに判例を変更し，違憲判断を示すに至りました。2013（平成25）年9月4日大法廷決定（判時2197号10頁）です。最高裁判所は，全員一致（14人）で，民法900条4号但書を違憲と判断したのです。ただし，1995年決定と比べると，理由付けは必ずしも明確ではありません。本決定は，立法理由と本件区別との関連性について明確な形で論じることはせず，「長期にわたる社会状況の変化に照らし，本件規定がその合理性を失ったことを理由として」本件規定の違憲性を認めているからです。平等違反が争われている事件における違憲審査のあり方として評価の分かれるところです。

コラム⑩　信仰に基づく輸血拒否の可否

　治療に必要な輸血を信仰上の理由などに基づいて拒否することは，憲法の観点からするとどのように考えられるでしょうか。自分自身の生命や身体についての自己決定権に関わる問題だと解されています。しかし，輸血拒否によって自分自身の生命が失われる危険性もあるのですから，この問題については慎重な検討が必要となります。

　最高裁判所の判断（最判平成12・2・29民集54巻2号582頁）も示されているので，その事件を素材に少し踏み込んで考えてみましょう。事案は次のようなものでした。「エホバの証人」の信者である末期ガンの患者が，手術中でも絶対に輸血をしないという絶対的無輸血を強く要請していたところ，患者の命を救うため医師が手術中に輸血をしたので，その患者が自己決定権などを侵害されたとして医師に損害賠償を求めたというものです。第1審の東京地方裁判所は，この場合の輸血は患者の生命を救うために行われたものなので違法ではないと判断しました。こ

れに対して，東京高等裁判所は，憲法13条を根拠に，人には自己の人生のあり方（ライフスタイル）は自らが決定するという自己決定権が認められることなどを理由に挙げて，患者の主張を認めました。最高裁判所も，自己決定権という言葉は用いていませんが，自己の宗教上の信念に反する医療行為を拒否するという患者の「意思決定をする権利」は「人格権」の一内容として尊重されるとして，高裁の結論を支持しました。医師の事前の説明が不十分であったので，患者の「意思決定をする権利」が侵害されたと判断したわけです。このように，最高裁判所も，条件付きではありますが，信仰に基づく輸血拒否を認める可能性を示唆しています。

参考文献

芦部（高橋補訂）・憲法〔第5版〕，pp. 118-145
佐藤幸・日本国憲法論，pp. 172-215
髙井裕之「幸福追求権」大石＝石川・争点，pp. 92-93
竹中勲「プライヴァシーの権利」大石＝石川・争点，pp. 98-99
手塚和男「平等と合理的区別」大石＝石川・争点，pp. 104-105
中山茂樹「生命・自由・自己決定権」大石＝石川・争点，pp. 94-97
野中他・憲法Ⅰ〔第5版〕，pp. 269-304
長谷部・憲法〔第5版〕，pp. 141-180
安西文雄「「法の下の平等」の意味」大石＝石川・争点，pp. 102-103

11 | 精神的自由権（1）──内心の自由

《設　問》「A市は，市の体育館を建設するにあたって，地元の有力神社であるB神社の神主を招いて起工式を行った。その起工式は，神道の式次第に従って執り行われたが，その際，市は，その費用として1万円を公金から支出した。日頃からこのような式のあり方に疑問を感じていた市会議員Xは，式に参列してその内容を確認したうえで監査請求を行ったが，会計事務手続上の問題が指摘されただけであった。そこで，Xは，地鎮祭のような宗教的儀式に公金を支出することは憲法20条3項等の定める政教分離原則に違反するとして，地方自治法242条の2第1項4号に基づく住民訴訟を提起した」。この事例に含まれる憲法上の問題点について検討してください。

《目標・ポイント》「人権の分類」のところで指摘したように，精神的自由権は，「人権のカタログ」の中で最も重要なものとして位置づけられています。日本国憲法は，この精神的自由権について，具体的には，①思想・良心の自由（19条），②信教の自由（20条），③学問の自由（23条），④集会の自由（21条1項），⑤結社の自由（21条1項），⑥言論・出版の自由（21条1項），の6つを定めています。これらの自由の性質を考慮して大くくりに整理すると，①は内面性精神的自由権に，②と③は内面性と外面性の両方の側面をもつものとして，そして④⑤⑥は外面性精神的自由権に位置づけることができます。設問は，②の信教の自由，より正確にはそれと表裏一体の関係にある政教分離原則に関わるものです。したがって，本章では，内面性精神的自由権（内心の自由）の性格を有するもの（とくに①と②）を検討することとし，外面性精神的自由権については次章で考察します。

《キーワード》思想・良心の自由，信教の自由，政教分離原則，目的効果基準，学問の自由，大学の自治

1．思想および良心の自由

（1）保障の内容

　日本国憲法は，19条で，「思想及び良心の自由は，これを侵してはならない」と定めています。これらの自由が確保されて初めて他の精神的自由権の保障も意味を有するという意味で，最も重要な人権の1つと位置づけることができるでしょう。

　ところで，19条に出てくる「思想」と「良心」の定義については，2つの理解の仕方があります。両者を区別する説と区別しない説です。区別する説においては，思想とは主に論理的知的な判断作用を意味し，良心は主に倫理的主観的な判断作用を指すと解されています。これに対して，区別しない説では，思想と良心の両者が相まって人間の「内面的な精神活動」をトータルに保障していると解されています。こちらの考え方のほうが有力です。

　また，保障の内容についても，二通りの考え方が存在しています。狭く捉える説と広く捉える説です。前者の狭義説では，思想および良心の自由は，信仰に準じる世界観・主義・思想・主張など，人格形成と深い関わりを有する内心の活動を保護しようとするものであると解されています。他方，広義説によると，それにとどまらず，単なる事実の知不知のような人格形成活動に関連のない内心の活動をも含むと考えられています。この点について，最高裁判所は，次に紹介する謝罪広告命令事件判決（最大判昭和31・7・4民集10巻7号785頁）において，前者に近い立場を採りました。

（2）謝罪広告命令の合憲性

　民法723条は，「他人の名誉を毀損した者に対しては，裁判所は，被害

者の請求により，損害賠償に代えて，又は損害賠償とともに，名誉を回復するのに適当な処分を命ずることができる」と定めています。この規定に基づいて，裁判で負けてもなお自分の行為の正当性を信じる名誉毀損事件の加害者（＝表現者）に対して，裁判所が「名誉を回復するのに適当な処分」として謝罪広告の新聞等への掲載を命令することに憲法上問題はないのでしょうか。

　自己の思想や良心に反して謝罪を強制されていると考えれば，憲法19条との関係で問題がありそうです。学説では，問題があるという考え方が根強く存在しています。しかし，最高裁判所は，条件付きではありますが，憲法違反ではないとの判断を示しています。いわゆる謝罪広告命令事件判決で，謝罪広告を強制することが，表現者の人格を無視し，著しくその名誉を毀損し，意思決定の自由あるいは良心の自由を不当に制限することになって，強制執行に適さない場合に該当することがありうることを認めつつも，「単に事態の真相を告白し陳謝の意を表明するに止まる程度のものにあつては，これが強制執行も代替行為として民訴733条（著者注：現在は民事執行法171条）の手続による」こともありうると判断しました。つまり，被害者が，執行官等の第三者をして，あるいは自ら，謝罪広告の掲載を実行することを認めたのです。

　この事件において命じられた謝罪広告の内容は，「右放送及記事は真相に相違しており，貴下の名誉を傷け御迷惑をおかけいたしました。ここに陳謝の意を表します」というものでした。これについて，最高裁判所は，この種の謝罪広告を新聞に掲載すべきことを命じたとしても，加害者に屈辱的もしくは苦役的労苦を科し，あるいは加害者の有する倫理的な意思，良心の自由を侵害することを要求するものと解することはできないとして，違法性を認めませんでした。この判決は，先に見た狭義説に基づいて判断しているようにも読めますが，必ずしも明確ではあり

ません。

(3)「君が代」起立斉唱の強制の合憲性

　公立学校の卒業式等での教員に対する「君が代」起立斉唱の強制の合憲性が，最近，数多くの裁判で争われています。卒業式等における国歌斉唱の際に，国旗に向かって起立し国歌を斉唱することを命じる校長の職務命令は，憲法19条に違反するのではないかが問題となっているのです。最高裁判所は，3つの小法廷のすべてにおいて憲法違反ではないとの判断を示しています。ただし，いずれも補足意見や反対意見が付されていますので，裁判官の考え方が微妙にかつ多岐に分かれていることに注意が必要です。

　ここでは，2011(平成23)年5月30日に出された第二小法廷判決（民集65巻4号1780頁）を素材に少し詳しく検討しておくことにしましょう。判決は，起立斉唱行為の強制が思想および良心の自由に対する「間接的な制約」となることは認めています。なぜなら，「自らの歴史観ないし世界観との関係で否定的な評価の対象となる『日の丸』や『君が代』に対して敬意を表明することには応じ難いと考える者が，これらに対する敬意の表明の要素を含む行為を求められることは，その行為が個人の歴史観ないし世界観に反する特定の思想の表明に係る行為そのものではないとはいえ，個人の歴史観ないし世界観に由来する行動（敬意の表明の拒否）と異なる外部的行為（敬意の表明の要素を含む行為）を求められることとなり，その限りにおいて，その者の思想及び良心の自由についての間接的な制約となる」からです。しかし，間接的な制約は直ちに憲法違反になるわけではありません。その制約が「必要かつ合理的なものである場合には」許容されうる，と最高裁判所は考えています。

　そして具体的な判断については，本件で問題となっている職務命令は

公立学校の教員に対して式典における慣例上の儀礼的な所作として起立斉唱行為を求めるものですが，学校教育の目標や卒業式等の儀式的行事の意義，あり方等を定めた関係法令などの諸規定に加えて，地方公務員の地位の性質およびその職務の公共性などを考慮すると，本件職務命令には，思想および良心の自由に対する間接的な制約を許容しうる程度の必要性と合理性があると述べられています。他の2つの小法廷判決も同じような判断を示していますが，職務命令に違反する行為に対してどのような不利益処分を科しても許されるとは解していません。その後の判決（最判平成24・1・16裁時1547号3頁）では，減給以上の懲戒処分の選択には事案の性質等をふまえた慎重な考慮が必要であることが指摘されています。

2．信教の自由

(1) 保障の内容

　日本国憲法は，20条1項で，「信教の自由は，何人に対してもこれを保障する」と定めています。なお，この規定にいう「信教」については一般に「宗教」と同じ意味であるとされていますが，その具体的な意味内容をどのように解するかとなると，多様な理解がありえます。そうした中で，信教の自由の保障について検討するときはその意味を広く解したほうがよいということで，多くの教科書では，「超自然的，超人間的本質（すなわち，絶対者，造物主，至高の存在等，なかんずく神，仏，霊等）の存在を確信し，畏敬崇拝する心情と行為」であると説明されています（これは，設問の素材である「津地鎮祭事件」の名古屋高裁判決〔昭和46・5・14判時630号7頁〕で示されたものです）。したがって，憲法の保障する「信教の自由」とは，簡単にいえば，このような「存在の確信」や「畏敬崇拝する心情と行為」といった人間の精神活動が公権

力によって妨げられないことを意味することになります。

　より具体的な保障内容については，3つの側面に分けて考えられています。つまり，①内心における信仰の自由，②宗教的行為の自由，③宗教上の結社の自由です。順に簡単に見ていくことにしましょう。まず，①の信仰の自由は内心の活動ですので，そうした活動にとどまっている限り他人の権利や利益と衝突することはありえませんから，絶対的に保障されると考えてよいでしょう。なお，この自由には消極的な側面が含まれていることに注意が必要です。特定の宗教を積極的に信じることだけでなく，宗教を信じないことや信じる宗教を変えることも認められることになります。②は，宗教上の儀式などを行う自由や宗教教育，布教宣伝を行う自由を意味します。この自由の消極的側面については，憲法が明文で定めています。20条2項です。そこでは，「何人も，宗教上の行為，祝典，儀式又は行事に参加することを強制されない」と規定されています。この規定については，明治憲法の下で，神社参拝が国民に強制されていたことをふまえたものだとの指摘があります。③は主に宗教団体を結成する自由を意味しますが，加入・不加入・脱退の自由も含むと解されています。いずれにしても，②と③は次章で検討する集会・結社・表現の自由と密接な関わりをもつものです。

(2) 加持祈禱事件

　①の内心における信仰の自由は，上述したようにそれが内心における活動にとどまっている限り，絶対的な保障を受けるものと考えられます。これに対して，②と③の自由は，外面性精神的自由権と同じように，「内在的な制約」という観点からの制限が認められる場合があります。つまり，必要最小限度の制約を受ける可能性があることを否定できません。問題は，具体的な制限が必要最小限度の範囲内かどうかです。

具体的な事例に即して考えてみることにしましょう。

　まず,「加持祈禱事件」と呼ばれているものについて見ることにします。これは,ある僧侶が少女(死亡当時18歳)の心の病を治すために長時間にわたり線香を焚いて加持祈禱を行っている最中に,少女が心臓マヒで死亡してしまったという事件です。傷害致死罪(刑法205条)に問われた僧侶は,加持祈禱は治療行為ないしは宗教行為であって正当な業務行為であるから,それによって被害者が死亡しても傷害致死罪は成立しないと主張しました。これに対して,最高裁判所は,概略次のように述べて,こうした主張を認めませんでした(最大判昭和38・5・15刑集17巻4号302頁)。

　判決によると,僧侶の本件行為は,一種の宗教行為としてなされたものであったとしても,それが他人の生命,身体等に危害を及ぼす違法な有形力の行使に当たり,少女を死に至らしめたものである以上,著しく反社会的なものであることは否定しがたいところであって,「憲法20条1項の信教の自由の保障の限界を逸脱したものというほかはない」とされています。信教の自由が基本的人権の1つとしてきわめて重要なものであるとしても(この点は本判決も認めているところです),このような判断に異論を差し挟むことは難しいように思われます。

(3) 剣道実技拒否事件

　後で少し詳しく検討する政教分離原則は,信教の自由の保障をより確実なものにするためのものとして憲法上保障されていると解されています。ところが,両者が緊張関係あるいは対立関係に立つ場合がないわけではありません。剣道実技拒否事件では,まさにその点が争点の1つになりました。そこで,この事件を,信教の自由の保障と政教分離原則の関係を考える素材として取り上げ,若干の検討を加えておくことにしま

す。

　この事件は，ある市立の工業高等専門学校の学生が，学校の体育の授業における剣道実技は自分の信じる宗教の教義に反するとして参加を拒否したことをきっかけに起こったものです。学生は，剣道実技は見学するだけにして，代わりにレポートを提出しようとしましたが，学校側はその受け取りを拒否しました。その結果，学生は体育の単位を修得できずに留年し，翌年も同じ状況の下に留年したため，退学処分を受けることになりました。そこで，学生が退学処分の取消し等を求めて訴訟を提起したところ，最高裁判所はその訴えを認めました。

　第1審の神戸地方裁判所は，代替措置により単位を認定すると，一部の学生を宗教上の理由に基づいて有利に取扱うことになり，公教育の宗教的中立性を損なうとともに政教分離原則に反するおそれがあるなどとして，学生の訴えをしりぞけました。これに対して，学生の控訴を受けた大阪高等裁判所は一転して学生勝訴の判決を下したのですが，ここでは結論を同じくする最高裁判所の判決（最判平成8・3・8民集50巻3号469頁）を少し詳しく見ておくことにしましょう。

　最高裁判所は，概ね次のような議論の下に，学校側の主張をしりぞけました。①退学処分は学生の身分を剥奪する重大な措置であるから，校長の教育的裁量が認められるとしても，その処分を行うにあたってはとくに慎重な配慮が必要であること，②工業高等専門学校では，本件で問題となっている剣道実技は必須とまではいえないこと，③本件学生は，自分の信じる宗教の核心部分と密接に関連する誠実な理由によって剣道実技を拒否しているのであるが，その結果として，他の科目では成績優秀であったにもかかわらず，退学処分というきわめて大きな不利益を被ることになっていること，④退学処分は学生の信教の自由を直接的に制約するものではないが，重大な不利益を避けるためには剣道実技の履修

という自己の信仰上の教義に反する行動をとることを余儀なくされること，そして⑤本件学生に対し代替措置をとることは，その目的において宗教的意義を有し，特定の宗教を援助，助長，促進する効果を有するものとはいえず，他の宗教者または無宗教者に圧迫，干渉を加える効果があるともいえないから，政教分離原則に違反することもないこと，などが理由とされています。⑤では，いわゆる目的効果基準が用いられていますが，この点については，次の政教分離原則に関する考察のところで詳しく検討することにします。

　いずれにしても，以上の理由から，判決は，結論として，校長の措置は，「考慮すべき事項を考慮しておらず，又は考慮された事実に対する評価が明白に合理性を欠き，その結果，社会観念上著しく妥当を欠く処分をしたものと評するほかはなく」，本件退学処分等は裁量権の範囲を超える違法なものといわざるをえないと判断しました。学説における評価は，概して好意的であるように思われます。

3. 政教分離原則

（1）意味と内容

　日本国憲法は，個人の信教の自由を保障するだけでなく，国家と宗教の分離の原則，すなわち政教分離原則についても定めています。具体的には，まず①「いかなる宗教団体も，国から特権を受け，又は政治上の権力を行使してはならない」（20条1項後段）ことを，次に②「国及びその機関は，宗教教育その他いかなる宗教的活動もしてはならない」（同条3項）ことを定めています。また，89条では，政教分離原則を財政面から裏づけるために，③「公金その他の公の財産は，宗教上の組織若しくは団体の使用，便益若しくは維持のため，……これを支出し，又はその利用に供してはならない」ことが規定されています。これらが政

教分離原則の具体的な内容を構成するものになりますが，それらは人権として定められているのではなく，「制度的保障」の性格を有するものとして性格づけられています。つまり，政教分離原則は，信教の自由の保障を確保するために，国家と宗教との分離を「制度」として保障するものであるとされているのです。

　ところで，以上に概観した政教分離原則は，国家と宗教との一切のかかわり合いを認めないと解されているのでしょうか。一般には，そのように考えることは困難であるとされています。宗教は様々な場面で社会生活とかかわりをもっているため，国家がその社会とかかわる形で活動する（規制・助成・援助など）と，宗教とのかかわり合いが生ずることは避けられないからです。そこで，「国家と宗教との分離にはおのずから一定の限界がある」とする考え方が登場することになります。そうすると，許されるかかわり合いとそうでないかかわり合いとを区別する基準が問題になります。つまり，「どの程度」までのかかわり合いであれば許されるのかを判断する基準です。その基準として従来用いられてきたのが，先にも触れた目的効果基準です。

　この基準は，もともとはアメリカの判例で用いられていたものです。そしてそこでは，①問題となった国家行為が世俗的なものかどうか，②その行為の主要な効果が宗教を振興しまたは抑圧するものかどうか，③その行為が宗教との過度のかかわり合いを促すものかどうか，という3つの要件を別々に検討することによって政教分離原則に違反していないかどうかを判断し，1つの要件でもクリアできなければ，問題の国家行為は違憲と判断されることになります。かなり厳格な基準であるといえるでしょう。津地鎮祭事件判決（最大判昭和52・7・13民集31巻4号533頁）の検討のところで見るように，わが国の最高裁判所も，政教分離原則違反を判断する際に，この基準を修正しながらではありますが用

いています。その修正の仕方についての学説の反応は，一般に，緩やかすぎるというものです。中には，この基準の使用を否定する見解も存在しています。

なお，目的効果基準は1990年代のアメリカの判例で変容し，いわゆる「エンドースメント（是認）・テスト」と呼ばれる，それまでよりは少し緩やかな基準に再構成されているとの指摘があります。つまり，まず目的について，「政府の実際の目的が宗教を是認または否認するメッセージを伝えることを意図したかどうかを明らかにする」ことが必要とされ，また効果については，「政府の実際の目的にかかわりなく，審査に付されている行為が，事実上，宗教を是認または否認する効果をもつものかどうかを問う」ことが求められる，というものです。後で少し検討する愛媛玉串料事件判決（最大判平成9・4・2民集51巻4号1673頁）の中で，部分的に組み込まれているのではないかという指摘があるところです。

（2）津地鎮祭事件判決

政教分離原則違反が争われた裁判例は数多くあります。設問は，それらの中から，津地鎮祭事件を素材に作成したものです。この事件は政教分離原則に関するリーディング・ケースとして位置づけられてきましたが，それは，先に言及したように目的効果基準が初めて用いられたものだからです。

判決は，まず，政教分離原則の法的性格について，「元来，政教分離規定は，いわゆる制度的保障の規定であつて，信教の自由そのものを直接保障するものではなく，国家と宗教との分離を制度として保障することにより，間接的に信教の自由の保障を確保しようとするもの」と述べたうえで，政教分離原則は，「国家が宗教的に中立であることを要求す

るものではあるが，国家が宗教とのかかわり合いをもつことを全く許さないとするものではなく，宗教とのかかわり合いをもたらす行為の目的及び効果にかんがみ，そのかかわり合いが右の諸条件に照らし相当とされる限度を超えるものと認められる場合にこれを許さないとするものである」との基本的な考え方を示しています。そしてより具体的な判断基準については，憲法20条3項で禁止されている宗教的活動とは，「当該行為の目的が宗教的意義をもち，その効果が宗教に対する援助，助長，促進又は圧迫，干渉等になるような行為をいうものと解すべきである」と述べています。

なお，判断方法についても触れていることに注目しておく必要があるでしょう。判断基準についてと同じように，学説上批判が多いからです。判決によると，主宰者が宗教家であるかどうかなど当該行為の外形的側面のみにとらわれることなく，「当該行為の行われる場所，当該行為に対する一般人の宗教的評価，当該行為者が当該行為を行うについての意図，目的及び宗教的意識の有無，程度，当該行為の一般人に与える効果，影響等，諸般の事情を考慮し，社会通念に従つて，客観的に判断しなければならない」とされています。学説の批判は多岐にわたりますが，とくに「社会通念」に基づく判断については批判の多いところです。これによれば，宗教的多数派による少数派の信教の自由に対する侵害が容易に認められることになりはしないかが懸念されるからです。

結局，最高裁判所は，本件で問題となっている地鎮祭を社会通念に基づいて判断すれば，慣習化した社会的儀礼にとどまっていることなどを理由に，違憲とはしませんでした。

(3) その後の判例の展開

その後も，数多くの判決で目的効果基準が用いられつつ，合憲判決が

続きました。そうした中にあって，最高裁判所が，2つの判決において違憲判断を示していることが注目されます。先に言及した愛媛玉串料事件判決と最近出された空知太神社事件判決（最大判平成22・1・20民集64巻1号1頁）です。それぞれ簡単に見ておくことにしましょう。

愛媛玉串料事件は，県による靖国神社と県護国神社への玉串料等の支出が政教分離原則に反するのではないかが争われたものです。最高裁判所は，目的効果基準を前提にしつつ，①神社自体がその境内において挙行する恒例の重要な祭祀に際して玉串料等を奉納することは，地鎮祭とは違って，時代の推移によって既にその宗教的意義が希薄化し，慣習化した社会的儀礼にすぎないものになっているとまではいえないこと，②そうだとすれば，県が特定の宗教団体とだけ特別のかかわり合いをもったことは否定できないこと，そして③そのことから，一般人に対して，県が特定の宗教団体を特別に支援し，それらの宗教団体が特別のものであるとの印象を与え，特定の宗教への関心を呼び起こすことになるとして，本件玉串料等の支出を違憲と判断しました。③の議論の中に「エンドースメント・テスト」的な考え方が示されているのではないか，との指摘があるところです。

空知太神社事件では，市が神社に長年にわたって市有地を無償で使用させていることが，政教分離原則に違反するのではないかが問題となりました。最高裁判所は，この事件の判決では，宗教とのかかわり合いが「相当とされる限度」を超えたかどうかの判断に際して，目的効果基準の使用を明言していません。また，従来の判決では20条3項違反を検討することがほとんどだったのですが，本判決ではその点も触れられていません。もっぱら，89条違反が検討されています。その結果，判決は，①本件の神社物件は明らかに宗教的施設であること，②そこで執り行われている行事は単なる世俗的行事とはいえないこと，③管理している集

団は89条にいう宗教団体に該当すること，④市有地の無償提供は宗教的活動を容易にする効果を有すること，⑤これらのことからすると，一般人から見て，市が特定宗教を援助していると評価できることなどからして，本件市有地の無償提供は政教分離原則に違反すると判断しました。

　これら2つの判決を視野に入れると，政教分離原則に関する最高裁判所の考え方にはいまだ流動的なところがあり，検討の余地が残されているように思われます。

コラム⑪　東大ポポロ事件

　日本国憲法は，23条で，学問の自由を保障しています。「学問」とは，真理の探究を目的として行われる人間の論理的知的な精神活動であると解されています。したがって，このような精神活動を国家権力が理由もなく制限することは許されません。具体的には，①学問研究の自由，②研究成果発表の自由，③教授の自由の3つが保障されていると考えられています。更に，23条の保障には，「大学の自治」も含まれています。歴史的に見ると，学問の自由の主な担い手である大学が，国家権力その他の外部の権威から独立し，組織体としての自律性が保障されていなければ，学問の自由な発展は確保されないと考えられたからです。大学の自治の法的性格については，一般に，「制度的保障」であると解されています。また，具体的な保障内容としては，①教員人事の自主的決定権，②研究および教育の内容・方法・対象の自主的決定権，そして③大学施設管理の自主的決定権が挙げられています。③に関わる事件として有名なのが，東大ポポロ事件です。

　この事件は，学生団体（「ポポロ劇団」）主催の演劇発表会が東大内の教室で行われている際に，学生が観客の中に私服の警察官がいることを

発見し，問い詰めている中で暴行があったとして，「暴力行為等処罰ニ関スル法律」違反で起訴されたというものです。その後，警察官は長期にわたり東大構内に立ち入り，情報収集活動を行っていたことが明らかとなっています。

　下級審（1審・2審）は起訴された学生について無罪判決を下しましたが，最高裁判所はそれをくつがえしました。その理由は，劇団の演劇発表会が学問研究のためのものではなく，その内容が当時大きな社会問題となっていた「松川事件」に取材したものであることなどから考えると，実社会における政治的社会的活動であり，しかも公開の集会またはそれに準じるものであることから，「大学の自治を享有しない」というものでした。これに対して，学説の多くは，判決が，大学が正規の手続を経て教室の使用を許可した判断を尊重しなかったことなどに疑問を呈しています。

参考文献

芦部（高橋補訂）・憲法〔第5版〕，pp. 146-169
木村俊夫「信教の自由」大石＝石川・争点，pp. 110-111
小泉洋一「政教分離」大石＝石川・争点，pp. 112-113
佐藤幸・日本国憲法論，pp. 216-248
戸波江二「学問の自由と大学の自治」大石＝石川・争点，pp. 142-143
根森健「思想・良心の自由」大石＝石川・争点，pp. 108-109
野中他・憲法Ⅰ〔第5版〕，pp. 305-351
長谷部・憲法〔第5版〕，pp. 181-192, pp. 223-227

12 | 精神的自由権（2）――表現の自由

《設　問》「Yは，2013年4月施行予定のA県知事選挙に同年2月の時点で立候補を予定していた。これに対して，Xは，同年2月発売予定の雑誌『政界ジャーナル』4月号に，Yが知事たる適格性を欠いている旨論ずるためとして，「ある権力主義者の陰謀」と題する人身攻撃的記事を掲載すべく準備していた。このことを知ったYは，名誉権の侵害を予防するとの理由で，雑誌の印刷・製本・販売・頒布の禁止等を求める仮処分申請を行ったところ，裁判所はこれを認めて仮処分の執行が行われた。そこで，Xは，裁判所の仮処分とYによるその申請は表現の自由を侵害するから違法であるとして，国とYを被告として損害賠償訴訟を提起した」。この事例に含まれる憲法上の問題点について検討してください。

《目標・ポイント》日本国憲法は，21条1項で，「集会，結社及び言論，出版その他一切の表現の自由は，これを保障する」と定めています。この規定により，表現の自由が，広くかつ厚く保障されていると考えられています。設問は，この表現の自由の制限に関わる問題です。表現の自由とは，簡単にいえば，自分のいいたいこと・考えていることを自分の思う仕方で表明する自由のことです。また，そこでいわれている「自分の思う仕方」とは，「言論・出版」という伝統的な表現媒体にとどまらず，ラジオ・テレビのような放送，更に映画，演劇，音楽，絵画，レコード，録音テープ，インターネット，その他種々の表現形態を含むと解されています。そうした多様な表現形態による表現活動に対する規制の限界を検討することが，本章の主な課題となります。なお，21条1項では，集会および結社の自由も保障されていますので，それらについて概観してから設問について検討することにします。

《キーワード》集会の自由，結社の自由，表現の自由，知る権利，名誉毀

損，検閲の禁止

1．集会および結社の自由

（1）保障の意味と内容

　まず，集会の自由から見ることにしましょう。この自由は，インターネットが出現し普及するまでは，最も大衆的な表現の自由として位置づけられてきました。活字や放送を媒体とする表現活動にはそれ相当の資本が必要とされるので，一般市民がそれらを利用することは困難であると解されていたからです。その点，広場や公道での集会やデモ行進は比較的容易に行うことが可能です。なお，「集会」とは，多人数が，共通の目的で，ある場所に集合することを意味し，それにはデモ行進のような場所の移動する集会も含まれると解されています。したがって，集会の自由が憲法上保障されることによって，集会を主催し，指導し，または集会に参加するなどの行為に対して国家権力が制限を加えることは，原則として認められないことになります。

　なお，この自由には，消極的な側面が存することにも注意が必要です。集会に参加することを強制されない自由も認められなければならないからです。また，この自由の次のような特徴にも注目しておかなければなりません。集会の自由の行使は，多かれ少なかれ組織された集団の行為として現れるので，他の一般公衆の利益と衝突することがあり，さらに集団相互の間においても利害の衝突・競合といったことが生じやすいということです。こうした特徴は，集会の自由に対する制限の許容性を検討するときに考慮されることになりますが，いずれにしてもこの自由の位置づけからすると，その制限は人権相互の矛盾・衝突の調整の限

界内にとどまるものでなければならず，必要最小限の制限のみが許されると考えられています。後で見るように，最高裁判所も基本的にはこのような立場に立っています。

　結社の自由については，簡単に触れておくことにします。まず言葉の定義ですが，「結社」とは，多人数が一定の共通の目的のために継続的に結合することを指すと解されています。継続的・組織的である点で，先に見た「集会」と異なります。この自由の保障内容について検討するときにも，積極的側面と消極的側面の両方を考慮する必要があります。積極的結社の自由とは結社を結成する自由，個人が結社に参加する自由，結社自体が存続する権利などを指し，これに対して，消極的結社の自由は結社を結成しない自由，結社に加入しない自由，加入した結社から脱退する自由などを意味すると解されています。学説では，集会の自由などと同じように，結社の自由は，一定の内在的な制約に服すると考えられていますが，たとえば許可制などを用いて事前に抑制ないし規制することについては慎重でなければならないとされています。

(2) 判　例

　集会の自由に関する判例について概観しておくことにしましょう。公安条例による規制や公共施設の使用拒否など，集会の自由に対する規制が争われた数多くの裁判例がありますが，ここでは公共施設の使用拒否が問題となった最高裁判所の判決を取り上げ，少し詳しく検討することにします。

　泉佐野市民会館事件と呼ばれている裁判例があります。市民会館のホールで集会を開催しようとしたある団体がホールの使用許可申請を行ったところ，市側は，本件会館を使用させれば不測の事態を生ずることが憂慮され，その結果，本件会館周辺の住民の平穏な生活が脅かされるお

それがあることなどを理由に不許可としました。これに対して，団体側が，市の違憲・違法な行為によって損害を被ったとして，損害賠償を請求したという事件です。最高裁判所は結局この訴えを認めませんでしたが，判決理由の中で，集会の自由を考えるうえで大変興味深い議論を展開しています（最判平成7・3・7民集49巻3号687頁）。

　最高裁判所は，まず，判断の枠組みについて次のような考え方を示しています。市の施設の「利用を不相当とする事由が認められないにもかかわらずその利用を拒否し得るのは，利用の希望が競合する場合のほかは，施設をその集会のために利用させることによって，他の基本的人権が侵害され，公共の福祉が損なわれる危険がある場合に限られるものというべきであり，このような場合には，その危険を回避し，防止するために，その施設における集会の開催が必要かつ合理的な範囲で制限を受けることがある」としたうえで，問題の制限が認められるかどうかは「基本的人権としての集会の自由の重要性と，当該集会が開かれることによって侵害されることのある他の基本的人権の内容や侵害の発生の危険性の程度等を較量して決せられるべきものである」と述べています。

　ここで示されている考え方はいわゆる「比較衡量論」と呼ばれているものですが，本件におけるその運用はかなり厳格なものです。なぜなら，「危険性の程度」について，「単に危険な事態を生ずる蓋然性があるというだけでは足りず，明らかな差し迫った危険の発生が具体的に予見されることが必要である」として，かなり厳しい絞りをかけているからです。そして，このような絞りを根拠づけるものとして，比較衡量を行う際に，「集会の自由の制約は，基本的人権のうち精神的自由を制約するものであるから，経済的自由の制約における以上に厳格な基準の下にされなければならない」と述べていることが注目されます。「人権の分類」のところで検討したことを思い出してください。

2. 表現の自由の保障

(1) 保障の範囲と内容

　先に指摘したように，表現の自由とは，自分のいいたいこと・考えていることを自分の思う仕方で表明する自由のことだと定義づけられてきました。しかし，この定義では，保障の人的範囲について「送り手」しか視野に入っていません。最近では，送り手の自由とともに「受け手」の自由も考慮する必要があるとするのが一般的な理解です。そこで登場するのが「知る権利」です。ここで，この概念について少し詳しく見ておくことにしましょう。

　知る権利は，情報化社会の深まりとともに登場してきたものです。そして，それは，表現の自由の保障の再構成と密接に関わっています。上述したように，かつては表現の送り手の立場から保障内容が考えられていたのに対して，最近では受け手の立場をも視野に入れた表現の自由の保障が重視されるようになってきています。つまり，21条1項は，情報の収集・伝達・受領のすべてのプロセスを保障していると考えられているのです。

　すぐ後で検討するように，知る権利には多様な側面があります。しかし，判例では，その中のごく一部にしか触れられていません。最高裁判所は，いわゆる博多駅テレビフィルム提出命令事件（最大決昭和44・11・26刑集23巻11号1490頁）で初めてこの権利に言及しましたが，それは報道の自由を基礎づける文脈においてでした。判決は，「報道機関の報道は，民主主義社会において，国民が国政に関与するにつき，重要な判断の資料を提供し，国民の『知る権利』に奉仕するものである」から，「思想の表明の自由とならんで，事実の報道の自由は，表現の自由を規定した憲法21条の保障のもとにあることはいうまでもない」。ま

た、「このような報道機関の報道が正しい内容をもつためには、報道の自由とともに、報道のための取材の自由も、憲法21条の精神に照らし、十分尊重に値いするものといわなければならない」と述べているのです。

報道や取材の自由の表現の自由との位置関係については言及されていますが、知る権利の独自の意義についてはまったくといっていいほど明らかにされていません。また、最高裁判所は、情報公開との関わりではいまだに一度も知る権利を認める判断を示したことはありません。したがって、知る権利の独自の意義や多様な側面を理解するためには、学説における議論を見なければならないのです。

知る権利の多様な内容や側面を理解するためには、次のような分類が参考になると思います。①情報受領権、②情報収集権、③政府情報開示請求権、④公衆の知る権利、の4つに分ける考え方です（松井、477頁以下参照）。まず①の情報受領権ですが、これは既に表現されている情報を政府によって妨げられることなく受領する自由のことを指します。次に②の情報収集権とは、政府によって妨げられることなく情報を収集する自由のことを意味し、取材の自由として具体化されるものです。④の公衆の知る権利は主として放送との関係で議論されるもので、具体的には放送免許手続への参加権として位置づけられています。

では、③の政府情報開示請求権とはどのようなものでしょうか。これは、字義通り、政府に対し情報の開示を請求することのできる権利と解され、狭い意味での知る権利と位置づけられています。なお、この開示請求権については、一般に、抽象的なものと理解されています。つまり、憲法上明示的に公開が義務づけられている場合を除いて、直ちに裁判所で実現できるものとは解されていないのです。法律や条例によって具体化される必要があります。実際には、まず地方公共団体の条例が先

行し，国についてはようやく1999（平成11）年に情報公開法が制定されました。したがって，狭義の知る権利が実際にどのように実現されているかは，挙げて条例や法律の運用にかかっているといえるでしょう。

　では，保障の事項的な対象についてはどのように考えられているのでしょうか。かつては，保障の対象となる表現とそうでない表現（たとえば，わいせつ的表現，他人の名誉を害する言論，営利的表現，戦闘的ないし下品な言辞など）とを区別する議論も有力でしたが，最近では，すべての表現は一応表現の自由の保障対象になることを前提に，表現の内容や性質によって保障のあり方を考えるという議論が一般的であるように思われます。

　なお，保障のあり方を検討するときに考慮しなければならない重要な要素として，「規制の態様」が注目されています。つまり，「内容規制」と「内容中立規制」を区別する考え方です。内容規制とは，ある表現についてそれが伝達しようとしているメッセージを理由に制限する規制のことです。このような規制は，国家にとって都合の悪い表現活動を狙い撃ち的に，あるいは差別的に取り締まる手段として用いられる危険性をもつので，厳格な審査基準で審査すべきであると考えられています。これに対して，内容中立規制は，表現をそれが伝達するメッセージの内容や伝達効果に直接関係なく制限する規制を意味します。この場合も，表現の自由の保障の重要性にかんがみて必要最小限の制限しか認められないと考えられていますが，内容規制の場合と比べると厳格度の劣る審査基準で審査することも許されると解されています。内容中立規制の場合，他人の権利や利益を損なうおそれのある方法による表現が規制されるにとどまり，別な方法や態様で表現する可能性は残されているからです。

（2）審査基準

　表現の自由の保障に対応する厳しい基準の1つに事前抑制の原則的禁止がありますが，これについては，設問との関わりで後ほど少し詳しく検討することにします。ここでは，明確性の原則，明白かつ現在の危険の原則，LRA（より制限的でない他の選びうる手段）の原則の3つを取り上げ簡単に見ておくことにします。

　明確性の原則とは，表現の自由に対して萎縮的な効果をもたらすような，漠然とした内容の法律は，不明確であるということだけで違憲とされなければならないとするものです。判例は，この原則ないし基準の適用に対して総じて消極的です。最高裁判所は，たとえば，徳島市公安条例事件判決（最大判昭和50・9・10刑集29巻8号489頁）において，「ある刑罰法規があいまい不明確のゆえに憲法31条に違反するものと認めるべきかどうかは，通常の判断能力を有する一般人の理解において，具体的場合に当該行為がその適用を受けるものかどうかの判断を可能ならしめるような基準が読みとれるかどうかによつてこれを決定すべきである」としたうえで，条例で用いられていた「交通秩序を維持すること」という規定ぶりについて，「確かにその文言が抽象的であるとのそしりを免れないとはいえ，集団行進等における道路交通の秩序遵守についての基準を読みとることが可能であり，犯罪構成要件の内容をなすものとして明確性を欠き憲法31条に違反するものとはいえない」と判断しています。

　明白かつ現在の危険の原則とは，表現が社会の重大な利益に対し危険な傾向をもつにとどまるときではなく，それに明白で差し迫った危険を及ぼすときに初めて抑制できるとする考え方のことを指します。つまり，この考え方によると，国家が禁止できる危険な行動と，そのような行動を引き起こすきっかけとなる表現活動との間に，強い関連性の存す

ることが求められることになります。代表的な論者によれば，一定の表現内容を規制する立法（たとえば，煽動を処罰する法律など）に用いるのが妥当であると解されています。

最後に，LRAの原則（基準）ですが，これは，目的そのものは正当であっても，その法律が採っている規制手段よりももっとゆるやかな手段によって規制の目的を達成することができると認められる場合には，違憲となると考えるものです。その法律の定めている制限の方法が，目的達成のための必要最小限度を超えて許されないと解されるからです。学説では，とくに表現の時・所・方法の規制（表現内容中立規制）の合憲性を検討する場合に有用であるとされています。

3．表現の自由と名誉毀損

（1）事後規制と事前規制

「人権の分類」のところで指摘したように，表現の自由に対するすべての規制が許されないというわけではありません。表現活動は，他人の人権を侵害する場合に一定の制限に服することがあります。名誉毀損が問題となった場合がその代表的な例です。刑法は，230条1項で，「公然と事実を摘示し，人の名誉を毀損した者は，その事実の有無にかかわらず，3年以下の懲役若しくは禁錮又は50万円以下の罰金に処する」と定め，名誉を毀損する表現に対する事後的な処罰を認めています。この規定は，戦前から存在しているものですが，表現の対象が何であれ「事実の有無にかかわらず」処罰することを認めることは，表現の自由を重視している日本国憲法に親和的かは問題となるところです。

そこで，新たな条文が追加されることになりました。刑法230条の2です。そこでは，230条1項の行為が「公共の利害に関する事実に係り，かつ，その目的が専ら公益を図ることにあったと認める場合には，

事実の真否を判断し，真実であることの証明があったときは，これを罰しない」（1項）とされるとともに，それが「公務員又は公選による公務員の候補者に関する事実に係る場合には，事実の真否を判断し，真実であることの証明があったときは，これを罰しない」（3項）と定められています。表現の自由の保障により適合する規定となったといえるでしょう。

　しかし，判例のその後の展開は，その歩みを更に先へと進めました。表現の自由をより重視した考え方が示されるようになったのです。最高裁判所は，いわゆる夕刊和歌山時事事件判決（最大判昭和44・6・25刑集23巻7号975頁）において，刑法230条の2は，人格権としての個人の名誉の保護と憲法21条による正当な言論の保障との調和を図った規定であるとしたうえで，その規定の趣旨にかんがみれば，「事実が真実であることの証明がない場合でも，行為者がその事実を真実であると誤信し，その誤信したことについて，確実な資料，根拠に照らし相当の理由があるときは，犯罪の故意がなく，名誉毀損の罪は成立しない」として「真実性の証明」の程度を一定程度緩和しています。同様の考え方は，名誉毀損に関する民事事件においても採用されています。

　設問で問題となっているのはいままで見てきた事後規制ではなく，裁判所による事前差止めという事前規制です。では，事前規制についてはどのように考えたらよいのでしょうか。日本国憲法は，21条2項で，「検閲の禁止」を定めています。これは，表現活動が事前に抑制されてはならないことを意味します。つまり，検閲とは，国家が事前に表現物をチェックして問題があれば，それが社会に出回らないようにする仕組みですが，このような仕組みは，「思想の自由市場」への思想の流入を許さない効果をもつので，表現の自由にとっては非常に厳しい制限を意味することになります。したがって，検閲は，絶対に許されてはならな

いと考えられてきたのです。

　最高裁判所も検閲は絶対に許されないと解していますが、そこでの検閲概念は次のようなものです。憲法21条2項にいう検閲とは、「行政権が主体となつて、思想内容等の表現物を対象とし、その全部又は一部の発表の禁止を目的として、対象とされる一定の表現物につき網羅的一般的に、発表前にその内容を審査した上、不適当と認めるものの発表を禁止することを、その特質として備えるものを指すと解すべきである」としているのです（最大判昭和59・12・12民集38巻12号1308頁）。このような検閲概念に対する学説の評価は多岐に分かれていますが、学説は、一般に、最高裁判所よりも広く捉えています。たとえば、発表前だけでなく受け手の受領前における規制も検閲の問題となりうるとする考え方が有力ですし、思想内容等の表現物では狭すぎるという批判も根強いものがあります。

　しかし、設問を考えるうえでより重要なのは、検閲の禁止と事前抑制の原則的禁止とを区別するかどうかです。区別しない考え方とは、2項の検閲禁止があらゆる事前抑制の原則的禁止を一般的に規定していると解するものです。この考え方によると、裁判所による事前差止めも一応検閲に該当するが、許される場合もありうることになります。これに対して、区別する説は、事前抑制の原則的禁止は1項で規定されているとしたうえで、事前抑制のうち特定の形態のものに関する特別の禁止を2項が定めていると解します。一般に、この説では、検閲は行政権によるものに限定され、絶対に許されないものと解されています。したがって、裁判所による事前差止めは、2項の検閲ではなく、1項の事前抑制の禁止の問題として扱われることになります。最高裁判所も、次に見る北方ジャーナル事件判決（最大判昭和61・6・11民集40巻4号872頁）で、このようなアプローチを採りました。

(2) 北方ジャーナル事件判決

　設問は，この事件を素材にしたものです。ここで，少し詳しく見ておくことにしましょう。

　最高裁判所は，まず，仮処分による事前差止めについて，「表現物の内容の網羅的一般的な審査に基づく事前規制が行政機関によりそれ自体を目的として行われる場合とは異なり，個別的な私人間の紛争について，司法裁判所により，当事者の申請に基づき差止請求権等の私法上の被保全権利の存否，保全の必要性の有無を審理判断して発せられるもの」であるとして，先に紹介した札幌税関検査事件判決における検閲概念には該当しないと判断しました。

　次に，いわゆる事前抑制として憲法21条1項に違反しないかが検討されています。その際，検討の入り口のところで，表現行為に対する事前抑制は，「表現物がその自由市場に出る前に抑止してその内容を読者ないし聴視者の側に到達させる途を閉ざし又はその到達を遅らせてその意義を失わせ，公の批判の機会を減少させるもの」であることなどから，実際上の抑止的効果が事後制裁の場合より大きいと考えられるので，「表現行為に対する事前抑制は，表現の自由を保障し検閲を禁止する憲法21条の趣旨に照らし，厳格かつ明確な要件のもとにおいてのみ許容されうるものといわなければならない」と述べていることが注目されます。学説における議論のありようとほぼ軌を一にしているように思われるからです。

　最高裁判所は，更に，本件における対象が公務員あるいは公職選挙の候補者に対する評価等の表現行為であることを考慮すると，その表現は私人の名誉権に優先する社会的価値を含み憲法上特に保護されるべきであるから，事前差止めは原則として許されないと解しています。ただし，実体的要件と手続的要件の両方を満たすことが必要ですが，例外的

に許される場合があることは認めています。実体的要件としては、①「表現内容が真実でなく、又はそれが専ら公益を図る目的のものでないことが明白」であり、しかも②「被害者が重大にして著しく回復困難な損害を被る虞があるとき」が挙げられています。また、手続的要件については、「口頭弁論又は債務者（著者注：＝表現者）の審尋を行い、表現内容の真実性等の主張立証の機会を与えることを原則とすべき」としています。ただし、被害者が提出した資料によって、表現内容が真実でなく、またはそれがもっぱら公益を図る目的のものでないことが明白であり、しかも被害者が重大にして著しく回復困難な損害を被る虞があると認められるときは、このような手続を経ないで差止めを行うことも例外的に許される場合があることを認めていることに注意が必要です。

判決の結論は、本件で問題となっている表現行為に対する差止めはその表現内容を考慮すると、両方の要件をいずれもクリアするので違法ではないというものでした。学説では、実体的要件はともかく、例外を認める手続的要件とそれに関する具体的な判断については批判の多いところです。

コラム⑫　わいせつ的表現の規制

刑法で定められている性的表現に対する規制も、常に学説上問題とされてきました。刑法175条は、「わいせつな文書、図画その他の物を頒布し、販売し、又は公然と陳列した者は、2年以下の懲役又は250万円以下の罰金若しくは科料に処する」と定めているのですが、この規定に基づく規制は表現の自由の保障から見て許されるのかが議論されてきたのです。学説上は、先に概観した明確性の原則などに基づき、文面上違憲であるという主張も根強く存在しています。しかし、最高裁判所は、一

貫してこのような考え方をしりぞけています。

　ところで,「わいせつ」とは何でしょうか。最高裁判所によると,①いたずらに性欲を興奮または刺激せしめ,②普通人の正常な性的羞恥心を害し,③善良な性的道義観念に反するものが「わいせつ」な文書だと解されています（最大判昭和32・3・13刑集11巻3号997頁）。この事件では,「チャタレイ夫人の恋人」という外国小説の翻訳本の出版が問題になりました。翻訳者と出版社は,刑法175条について表現の自由を過度に規制し違憲であると主張しましたが,最高裁判所は,翻訳者らの主張を認めず,その小説をわいせつ文書であると判断したのです。しかし,その後,「チャタレイ夫人の恋人」の出版は1995（平成7）年に解禁となるなど,「わいせつ」概念は常に変化しています。

　最高裁判所も,「わいせつ」性の判断の仕方を微妙に変えていることが指摘されています。チャタレイ事件判決では,上記「わいせつ」概念の3要素に該当する表現があるかどうかを検討し,もしそれがあれば当該図書に高い芸術性があったとしても処罰の対象になるとされていました（部分的考察方法プラス絶対的わいせつ概念）。しかしその後の判決では,少なくとも全体的考察方法へのシフトが見られます。「四畳半襖の下張」事件判決（最判昭和55・11・28刑集34巻6号433頁）において,「文書のわいせつ性の判断にあたつては,当該文書の性に関する露骨で詳細な描写叙述の程度とその手法,右描写叙述の文書全体に占める比重,文書に表現された思想等と右描写叙述との関連性,文書の構成や展開,更には芸術性・思想性等による性的刺激の緩和の程度,これらの観点から該文書を全体としてみたときに,主として,読者の好色的興味にうつたえるものと認められるか否かなどの諸点を検討することが必要」であるとの表現が見られるからです。

参考文献

芦部（高橋補訂）・憲法〔第5版〕, pp. 170-215
池端忠司「表現の事前抑制と検閲」大石＝石川・争点, pp. 116-117
川岸令和「公物管理権と集会の自由」大石＝石川・争点, pp. 138-139
佐々木弘道「言論の内容規制と内容中立規制」大石＝石川・争点, pp. 118-119
佐藤幸・日本国憲法論, pp. 248-296
田近肇「結社の自由」大石＝石川・争点, pp. 140-141
長岡徹「表現の自由と名誉毀損」大石＝石川・争点, pp. 128-129
野中他・憲法Ⅰ〔第5版〕, pp. 352-404
長谷部・憲法〔第5版〕, pp. 192-223
浜田純一「表現の自由の保障根拠」大石＝石川・争点, pp. 114-115
藤井樹也「取材の自由」大石＝石川・争点, pp. 122-123
松井茂記『日本国憲法〔第3版〕』（有斐閣, 2007年）pp. 443-492

13 経済的自由権

《設　問》新たに銭湯（＝「普通公衆浴場」）を開設しようする人は，公衆浴場法という法律の規制を受けることになります。この法律は，2条で，「業として公衆浴場を経営しようとする者は，都道府県知事の許可を受けなければならない」こと（1項），「都道府県知事は，……その設置の場所が配置の適正を欠くと認めるときは，前項の許可を与えないことができる」こと（2項），そして「前項の設置の場所の配置の基準については，都道府県……が条例で，これを定める」こと（3項）などを規定しています。いわゆる「許可制」と許可条件の1つとして「適正配置規制」が定められているのです。

　このような規制は，職業の自由あるいは営業の自由を侵すことにより憲法違反とならないか，について検討してください。

《目標・ポイント》「人権の分類」のところで述べたように，経済的自由権は，人間の経済生活の基礎を確保するための基本的な自由です。職業選択の自由（22条1項）や財産権の保障（29条）が代表的なものですが，設問は前者の自由に関わる問題です。既に指摘したように，福祉国家や社会国家の理念が認められている現代社会では，経済的社会的弱者の救済や社会全体の利益といった観点から，経済的自由権に属する自由に対して制限を加えることは一般に認められると解されています。そうすると，設問に対する解答は憲法違反ではないということになりそうですが，本当にそのように考えてよいのでしょうか。判例の展開に即して検討することが必要となります。なお，経済的自由権に属する重要な権利がもう1つあります。財産権です。本章では，この権利についても概観することにします。

《キーワード》職業選択の自由，許可制，適正配置規制，規制目的二分論，財産権の保障，正当な補償

1．職業選択の自由

(1) 意　味

　日本国憲法は，22条1項で，「何人も，公共の福祉に反しない限り……職業選択の自由を有する」と規定しています。この規定は，一般に，自己の従事する職業を選択する自由に加えて，その選択した職業を遂行する自由も保障していると解されています。より具体的には，各人が，他からの制限を受けることなく，任意に自己の選んだ職業を，自己の適当と認める手段方法で遂行することのできる自由が保障されていると考えられています。なお，職業の遂行については，投資や資産の形成が関連してくるので，22条1項だけでなく，29条の財産権の保障も憲法上の根拠として挙げる見解も存在しています。

　ところで，職業（選択）の自由に対する規制の態様には様々なものがありますが，代表的なものとしては，社会に「有害」な営業に対する規制と公益事業に対する規制を挙げることができます。それぞれについて簡単に見ておくことにしましょう。まず前者の規制ですが，禁止されているものとして，管理売春があります。人を自己の占有，管理する場所や指定する場所に居住させ，売春させることを業とすることは認められません（売春防止法12条）。ほかに，医師，歯科医師，薬剤師，看護師など，人の生命・安全に関係する職業の場合には，資格制が採用されています。また，より広範に用いられているものとして，許可制があります。これは，衛生，風俗の維持，弊害の防止といった警察目的から自由な営業を禁じ，一定の要件に適った者にのみ営業を認めるというものです。

　次に，公益事業に対する規制として特許制が採られている場合があります。これは，電気・ガス・交通事業などの場合，国家によってそれら

を営む権利を設定された私人のみが独占的に営むことができますが、それらの事業を営む者は公権力による監督・統制に服さなければならないとされるものです。こうした規制の下では、職業の自由はかなり狭い範囲でしか認められないことになるでしょう。では、これらの規制の合憲性についてはどのように考えたらよいのでしょうか。

　先に言及したように、職業の自由もそれに位置づけられる経済的自由権に対しては国家による規制が広く及ぶと解されていますが、経済的自由権であればすべて一律に広範な規制が認められるというわけではありません。「公共の福祉」のための正当な規制と考えられないような場合には、やはり憲法上問題があるといわざるをえないでしょう。そこで問題となるのが、正当な規制か否かを判断するための枠組みや基準です。一般に、目的と手段の両方の審査が必要だと解されています。まず、問題の規制が具体的に何を実現するためのものなのか、すなわち立法目的が吟味され、この立法目的に正当性がなければその規制は憲法上問題となるでしょう。次に、手段の審査が行われることになります。当該規制が、立法目的を達成するための手段として、それ相当の合理性を備えているかどうかが問題となるからです。合理性を欠いている場合には、違憲と判断される可能性が出てきます。

　以上に概観した違憲審査のあり方について、もう少し詳しく見ておくことにしましょう。

（2）職業の自由に対する規制と違憲審査

　学説・判例を一時期支配していた考え方に、規制目的二分論というものがありました。これは、経済活動を規制する目的の違いに応じて、厳格度の異なった基準で審査するというものです。

　まず1つ目は「消極目的規制」と呼ばれているもので、主に国民の生

命および健康に対する危険を防止もしくは除去ないし緩和するために課せられる規制のことを指します。この場合，国家の役割は最低限の秩序維持が好ましいとされ，逆にそれ以上の介入は不当であると解されることになります。これに対して，もう1つの規制は「積極目的規制」と呼ばれ，福祉国家の理念に基づいて，経済の調和のとれた発展を確保し，とくに社会的経済的弱者を保護するためになされる規制を意味します。

規制目的二分論は，以上の二分論を前提に，問題の経済活動に対する規制がどのような目的で行われているのかを検討したうえで，職業の自由に反するか否かを判断するというものです。そしてその際，より厳しい基準で憲法違反か否かの審査が行われるのは，消極目的規制の場合であるとされています。その理由としては，裁判所の政策判断能力などが挙げられています。積極目的規制については，どのような規制をすべきかを国会の高度な政治判断に委ねざるをえないところがあり，裁判所がそうした政治的判断を審査することはきわめて難しいとされるからです。そこで積極目的規制の場合，裁判所は立法府の裁量を尊重し，緩やかな基準で憲法判断をせざるをえないと説明されています。

より具体的には，消極目的規制の場合には，「厳格な合理性の基準」で審査するのが妥当だとされています。この基準によると，裁判所は，規制目的の必要性や合理性を検討するとともに，「同じ目的を達成できる，よりゆるやかな規制手段」の有無を立法事実に基づいて審査することになります。これに対して，積極目的規制の場合には，「明白の原則」が用いられることになります。これは，当該規制措置が著しく不合理であることが明白である場合に限って違憲とするものです。しかし，このような規制目的二分論を機械的・画一的に用いることに対しては，批判の多いところです。

二分論を評価している代表的な論者も，次のような留保を付していま

す。「規制目的のみですべて判断できると考えるのは妥当ではなく」、「規制の目的を重要な1つの指標としつつ、それだけではなく、いかなる行為がどのように規制の対象とされているかなど、規制の態様をも考えあわせる必要があり」、「たとえば、同じ消極目的であっても、職業へ新たに参入することの制限（職業選択の自由そのものの制限）は営業行為（選択した職業遂行の自由）に対する制限よりも一般に厳しく審査されるべきだし、参入制限についても、一定の資格とか試験のような要件ではなく、本人の能力に関係しない条件、すなわち本人の力ではいかんともなし得ないような要件（たとえば競争制限的規制）による制限である場合には、より厳格に合理性を審査する必要があろう」と述べているのです（芦部・憲法219〜220頁）。このような考え方によると、設問にある「適正配置規制」はまさしく「本人の能力に関係しない条件」ということになりますから、より厳格な審査が必要とされることになるでしょう。

では、次に、設問で問題とされている「適正配置規制（＝距離制限）」に関する判例の展開を概観することにします。

2．適正配置規制に関する判例の展開

(1) 公衆浴場法に関する最初の最高裁判決

この事件は、無許可で公衆浴場を営業していたため起訴された被告人が、公衆浴場法とそれに基づいて制定された福岡県の条例について憲法の職業選択の自由に違反すると主張して争ったものでした。最高裁判所は被告人側の主張を認めなかったのですが、判決の中で次のような判断を示しています（最大判昭和30・1・26刑集9巻1号89頁）。

「公衆浴場は、多数の国民の日常生活に必要欠くべからざる、多分に公共性を伴う厚生施設である」ところ、「若しその設立を業者の自由に

委せて，何等その偏在及び濫立を防止する等その配置の適正を保つために必要な措置が講ぜられないときは，その偏在により，多数の国民が日常容易に公衆浴場を利用しようとする場合に不便を来たすおそれなきを保し難く，また，その濫立により，浴場経営に無用の競争を生じその経営を経済的に不合理ならしめ，ひいて浴場の衛生設備の低下等好ましからざる影響を来たすおそれなきを保し難い」。このようなことは，「上記公衆浴場の性質に鑑み，国民保健及び環境衛生の上から，出来る限り防止することが望ましいことである」から，適正配置規制によって，「公衆浴場の経営の許可を与えないことができる旨の規定を設けることは，憲法22条に違反するものとは認められない」と述べていたのです。

公衆浴場の濫立による弊害について，「国民保健及び環境衛生の上から，出来る限り防止することが望ましい」と述べていることからすると，この判決は，先に見た消極目的規制であることを前提に判断していると読めないわけではありません。しかしそうすると，審査の厳格度の点で整合性を欠いてくることになります。手段について，ほとんど踏み込んだ審査をしていないからです。この時点の最高裁判所には，いまだ，規制目的二分論的発想がなかったと評価するほうが的を射ているかもしれません。

（2）最高裁判決における「規制目的二分論」

最高裁判所が規制目的二分論を用いて判断しているのではないかと考えられるようになったのは，2つの判決がきっかけでした。小売市場合憲判決（最大判昭和47・11・22刑集26巻9号586頁）と薬事法違憲判決（最大判昭和50・4・30民集29巻4号572頁）です。それぞれについて，簡単に見ておくことにしましょう。

まずは小売市場事件です。これは，1つの建物を小さく区切り，それ

ぞれを零細の小売業者に店舗として貸し付ける「小売市場」の開設の許可条件の1つとして，既存の小売市場から一定距離離れていなければならないことを求める（＝適正配置規制）「小売商業調整特別措置法」3条1項の合憲性が争われた事件です。最高裁判所は，このような規制が経済的基盤の弱い小売商を共倒れから保護する積極目的規制であるとして，規制立法の合理性を緩やかに審査し，合憲と判断しました。判決の中で，次のように述べられていたことが注目されます。「憲法は，国の責務として積極的な社会経済政策の実施を予定しているものということができ，個人の経済活動の自由に関する限り，個人の精神的自由等に関する場合と異なつて，右社会経済政策の実施の一手段として，これに一定の合理的規制措置を講ずることは，もともと，憲法が予定し，かつ，許容するところと解するのが相当であり」，また，上に述べたような個人の経済活動に対する積極的な法的規制措置については，「立法府がその裁量権を逸脱し，当該法的規制措置が著しく不合理であることの明白である場合に限つて，これを違憲として，その効力を否定することができるものと解するのが相当である」としているのです。

次に後者の薬事法違憲判決ですが，これは，薬局開設に適正配置を求める改正前の薬事法6条2項とそれに基づく広島県の条例の合憲性が争われた事件に関するものです。判決は，薬局に関する距離制限は国民の生命や健康に対して危険が及ぶことを防止するという消極目的規制であり，積極目的規制よりも厳格な合理性がなくては憲法に適合しないとして，問題の適正配置規制を違憲と判断しました。判決理由について，もう少し詳しく見ておくことにしましょう。

まず許可制の判断枠組みに関する議論のところで，次のように述べていることが注目されます。規制目的を二分する考察方法が示唆されているように思われるからです。「一般に許可制は，単なる職業活動の内容

及び態様に対する規制を超えて，狭義における職業の選択の自由そのものに制約を課するもので，職業の自由に対する強力な制限である」ので，その合憲性を肯定しうるためには，「原則として，重要な公共の利益のために必要かつ合理的な措置であること」が必要であり，また，「それが社会政策ないしは経済政策上の積極的な目的のための措置ではなく，自由な職業活動が社会公共に対してもたらす弊害を防止するための消極的，警察的措置である場合には，許可制に比べて職業の自由に対するよりゆるやかな制限である職業活動の内容及び態様に対する規制によつては右の目的を十分に達成することができないと認められること」が必要であるとしているのです。後半部分に，積極目的規制と消極目的規制を区別した議論が見られるように思います。

では，適正配置規制については，どのような理由から違憲と判断したのでしょうか。薬事法における適正配置規制の目的について，「主として国民の生命及び健康に対する危険の防止という消極的，警察的目的のための規制措置」であると解したうえで，県側が主張した正当化の論理である「適正配置規制の不存在→自由な薬局開設→薬局の偏在→競争の激化→薬局経営の不安定→不良医薬品の供給」という「風が吹けば桶屋が儲かる」式の議論の展開について単なる観念上の想定にすぎず，「確実な根拠に基づく合理的な判断とは認めがたい」としています。判決は，結局，薬局業務に対する保健所の監視体制の強化などのより緩やかな規制によっても目的を達成できる以上，適正配置規制には，立法目的を達成するための必要性と合理性が認められず，憲法22条1項に違反して無効であると判断しています。

こうした薬事法違憲判決を前提にすると，公衆浴場法における適正配置規制も違憲となりそうな感じがします。そこで，新たな最高裁判決の登場が注目されていたのですが，1989（平成元）年に出された2つの小

法廷判決はいずれも合憲判決でした。

(3) 1989年の2つの最高裁判決

　1つ目は，最高裁1989（平成元）年1月20日第二小法廷判決（刑集43巻1号1頁）です。この判決は，規制目的二分論を前提にしたうえで，公衆浴場法における適正配置規制の目的を積極目的と捉え，いわゆる「明白の原則」により合憲判断を下しています。判決の述べているところを簡単に見ておくことにしましょう。「公衆浴場業者が経営の困難から廃業や転業をすることを防止し，健全で安定した経営を行えるように種々の立法上の手段をとり，国民の保健福祉を維持することは，まさに公共の福祉に適合する」ものであるから，「このような積極的，社会経済政策的な規制目的に出た立法については，立法府のとった手段がその裁量権を逸脱し，著しく不合理であることの明白な場合に限り，これを違憲とすべきであるところ」，公衆浴場法における「適正配置規制及び距離制限がその場合に当たらないことは，多言を要しない」としているのです。小売市場合憲判決の論理に傾斜した議論に基づいて，合憲判断が示されているといえるでしょう。

　他方，この判決から2カ月も経たないうちに，別の小法廷から2つ目の判決が出されました。最高裁1989（平成元）年3月7日第三小法廷判決（判時1308号111頁）です。結論は同じく合憲判決でしたが，理由づけは微妙に違っています。まず適正配置の目的については，次のように述べています。「国民保健及び環境衛生の確保にあるとともに，公衆浴場が自家風呂を持たない国民にとつて日常生活上必要不可欠な厚生施設であり，入浴料金が物価統制令により低額に統制されていること，利用者の範囲が地域的に限定されているため企業としての弾力性に乏しいこと，自家風呂の普及に伴い公衆浴場業の経営が困難になつていることな

どにかんがみ，既存公衆浴場業者の経営の安定を図ることにより，自家風呂を持たない国民にとって必要不可欠な厚生施設である公衆浴場自体を確保しようとすることも，その目的としているものと解される」とされています。そしてそうだとすると，適正配置規制はその「目的を達成するための必要かつ合理的な範囲内の手段と考えられるので」，憲法違反ではないと判断されました。この判決の特徴は，1つ目の判決と異なり，規制目的を積極目的に限定することなく幅広く捉えたうえで，適正配置規制はそれらの目的を達成するための必要かつ合理的な範囲内の手段であるとした点にあるといえます。

規制目的を消極・積極どちらか一方とすることが困難である場合には，このように考えることも1つの手段であるかもしれません。実際，その後の最高裁判決においても，事案は違いますが，問題の規制が消極目的規制か積極目的規制かという点に触れずに結論を出している例が散見されます（司法書士法が定める業務活動の制限を合憲とした判決〔最判平成12・2・8刑集54巻2号1頁〕などがその例です）。学説における議論のところで見たように，規制の目的だけでなく，規制の手段や態様にも着目するとともに，立法事実に基づいた適切な合理性の判断が求められることになるように思われます。

3．財産権の保障

(1) 保障の意味と内容

上述したように，経済的自由権は，人間の経済生活の基礎を確保するための基本的な自由ですが，福祉国家や社会国家の理念が認められている現代社会では，経済的社会的弱者の救済や社会全体の利益といった観点から，経済的自由権に属する自由に対して制限を加えることは一般に認められると解されています。このことは，財産権や所有権の保障につ

いてもあてはまります。人権の歴史的展開を見ると，より分かりやすいかもしれません。1789年のフランス人権宣言では，「所有権は，神聖かつ不可侵である」（17条）と定められていました。ところが，1919年のワイマール憲法では，「所有権は，義務を伴う。その行使は，同時に公共の福祉に役立つものであるべきである」（153条3項）と規定されています。そこでは，所有権あるいは財産権は社会的な拘束をともなったものと考えられているのです。第2次世界大戦後の憲法の多くは，このような考えのもとに財産権を保障しています。日本国憲法も例外ではありません。

　日本国憲法29条は，まず1項で，「財産権は，これを侵してはならない」としつつ，2項で，「財産権の内容は，公共の福祉に適合するやうに，法律でこれを定める」と規定しています。ここでの財産権保障には，2つの側面があると考えられています。①自由権としての個人の財産権の保障と，②私有財産制度の保障です。より具体的には，①は，個人の現に有する具体的な財産上の権利の保障のことです。これに対して②は，個人が財産を享有しうる法制度を保障すること，すなわち財産を取得し保持する権利一般を法制度として保障することを意味しています。なお，「財産権」については，財産的価値を有するすべての権利，つまり，物権や債権をはじめ，無体財産権その他特別法上の権利や営業に関わる一定の利益まで種々雑多なものが含まれる，と広く解されています。

　このような財産権については，2項によって，「公共の福祉」に適合する規制は許されることになります。生命・健康などに対する危害を防止するための規制である内在的制約のほかに，社会的公平と調和の見地からなされる規制としての政策的規制（独占禁止法，借地借家法，農地法などによる規制）にも服することが認められています。では，どのよ

うな場合に，公共の福祉に適合せず，憲法違反となるのでしょうか。最高裁判所が財産権規制立法を違憲とした実例がありますので，それを素材に少し詳しく検討することにしましょう。

(2) 森林法186条違憲判決（最大判昭和62・4・22民集41巻3号408頁）

　改正前の森林法186条は，「森林の共有者は，……その共有に係る森林の分割を請求することができない。ただし，各共有者の持分の価額に従いその過半数をもつて分割の請求をすることを妨げない」と定めていました。この規定によると，分割請求は，共有者のうち分割に賛成する人の持分（共有物に占める各共有者の権利の割合）を合計して50％を超えた場合にしか認められないことになります。共有者が2人で，両者ともに持分は半分ずつという場合を考えると，2人の合意が成立しない限り，共有森林の分割ができないことになるのです。本件は，まさにこうした場合でした。そこで，分割請求を提起した側は，森林法の旧186条は憲法29条に違反して無効なものであると主張したわけです。

　ところで，民法は，共有物について，各共有者はいつでも分割請求できる旨定めています（256条）。森林法の規定は，この例外に当たります。そうすると，こうした例外に，憲法からみて合理性があるのかどうかが問われることになります。最高裁判決の結論は次のようなものでした。「森林法186条が共有森林につき持分価額2分の1以下の共有者に民法256条1項所定の分割請求権を否定しているのは，森林法186条の立法目的との関係において，合理性と必要性のいずれをも肯定することのできないことが明らかであつて，この点に関する立法府の判断は，その合理的裁量の範囲を超えるもの」であり，したがって，「同条は，憲法29条2項に違反し，無効というべきである」と判断したのです。

　ところで，財産権規制と先に見た規制目的二分論の関係をどのように

解するかについて，学説の議論は分かれています。積極的な関係として理解する見解もありますが，最近はどちらかといえば消極的に考える議論のほうが多いように思われます。財産権規制と規制目的二分論は関係がない，と捉える傾向が強くなっているのです。最高裁判決もそうした流れで理解することが可能です。まず森林法違憲判決についてですが，判決の理由づけを規制目的二分論で説明することは困難です。判決は，立法目的について，「森林の細分化を防止することによつて森林経営の安定を図り，ひいては森林の保続培養と森林の生産力の増進を図り，もつて国民経済の発展に資することにあると解すべきである」としていますが，これは積極目的に位置づけられるものです。ところが，目的と手段の関係については，消極目的規制に対応するかなり踏み込んだ審査を行っており，積極目的規制の審査のあり方とはいえない面があります。森林の細分化を防止するのであれば，森林の必要最低面積を定めるべきであるところ，面積の大小と関係なく制限を加えていることの不合理性を指摘している点などはその例です。

　こうした審査の方向性は，その後の判決で更に進められているように思われます。たとえば，役員と主要株主の短期売買差益提供義務について定めている証券取引法（現在の金融商品取引法）164条1項に関する最高裁判決（最大判平成14・2・13民集56巻2号331頁）などを挙げることができます。

コラム⑬　正当な補償

　憲法29条3項は，「私有財産は，正当な補償の下に，これを公共のために用ひることができる」と定めています。この規定は，私有財産を公共のために収用または制限することができることを明示するとともに，

その際には「正当な補償」が必要であるとしています。「公共のため」とは，学校，鉄道，道路，公園，ダムなどの建設のような公共事業のためだけでなく，戦後の自作農創設を目的とする農地買収のように，特定の個人が受益者となる場合でも，収用の目的が広く公益のためであればよいと解されています。また，「用ひる」とは，強制的に財産権を制限したり収用したりすることをいいます。

　どのような場合に補償が必要とされるかについては議論が分かれていますが，従来通説と位置づけられてきたのは「特別犠牲説」と呼ばれる考え方です。それによると，相隣関係上の制約や財産権に内在する社会的制約の場合には補償は不要であるが，それ以外に特定の個人に特別の犠牲を加えた場合には補償が必要となると解されています。なお，この「特別の犠牲」の判定に当たっては，形式的要件と実質的要件の2つを総合的に考慮することが必要だとされています。前者の形式的要件は，侵害行為の対象が広く一般人か，それとも特定の個人あるいは集団かに着目するものです。これに対して，実質的要件のほうは，侵害行為が財産権に内在する社会的制約として受忍すべきものであるか，それともそれを超えて財産権の本質的内容を侵すほどに強度なものであるかによって判断するものです。最近は，実質的要件を中心に補償の要否を判断していくべきであるという説が有力になってきています。

　「正当な補償」の意味についても，学説上議論が分かれています。完全補償説と相当補償説とが対立してきました。完全補償説とは，被収用財産が客観的にもつ貨幣価値あるいは市場価格をもって全額補償すべきであるとする説です。これに対して，相当補償説は，侵害目的や社会・経済状況などを考慮し，合理的と認められる相当な額であればよいとする説です。この問題は，先に言及した自作農創設のための農地改革における農地買収価格をめぐって大いに議論されました。そして，裁判でも

争われたのですが，最高裁判所は相当補償説を採り，きわめて安価な買収価格を正当な補償に該当すると認めました（最大判昭和28・12・23民集7巻13号1523頁）。しかし，その後も議論は継続しています。道路拡張のための土地収用のように，特定の財産の使用価値に基づいて収用が行われる場合には，市場価格による完全補償がなされなければならないとする有力説も存在しています。ただし，「侵害目的や社会・経済状況などを考慮し，合理的と認められる相当な額」が必ずしも市場価格を排除するものではないと解すれば，相当補償説と完全補償説とを両立しえないものと位置づける必要はないように思われます。

なお，補償請求は，通常，関係法規の具体的規定に基づいて行われますが（たとえば，土地収用法68条以下参照），法令上補償規定を欠く場合でも，憲法29条3項を直接の根拠として補償請求することができると解されています。このことは，最高裁判所も認めているところです（最大判昭和43・11・27刑集22巻12号1402頁）。

参考文献

芦部（高橋補訂）・憲法〔第5版〕，pp. 216-222，pp. 225-233
石川健治「営業の自由とその規制」大石＝石川・争点 pp. 148-151
佐藤幸・日本国憲法論，pp. 299-320
高橋正俊「財産権保障の意味」大石＝石川・争点，pp. 152-153
中谷実「正当な補償」大石＝石川・争点，pp. 156-157
野中他・憲法Ⅰ〔第5版〕，pp. 470-499
長谷部・憲法〔第5版〕，pp. 227-242
矢島基美「財産権の制限と補償の要否」大石＝石川・争点，pp. 154-155

14 ｜社会権

《設　問》「視力障害者であった X さんは，国民年金法による障害福祉年金を受給していました。その後，X さんは夫と離婚し，子どもを 1 人で育てることになりましたが，障害福祉年金だけで子どもを育てることは経済的に難しいと考え，児童扶養手当法に基づく児童扶養手当の受給資格の認定を請求しました。請求を受けた A 県知事 Y は，児童扶養手当法では児童扶養手当と他の公的年金との併給が禁止されていることを理由に，これを却下しました。そこで，X さんは，児童扶養手当法上の併給禁止規定が憲法25条等に違反すると主張して，右却下処分の取消しと受給資格の認定を求めて出訴しました」。この事案に含まれる憲法上の問題点について検討してください。

《目標・ポイント》日本国憲法は，25条で，「すべて国民は，健康で文化的な最低限度の生活を営む権利を有する」（1 項）と定めるとともに，「国は，すべての生活部面について，社会福祉，社会保障及び公衆衛生の向上及び増進に努めなければならない」（2 項）と規定しています。一般に，「生存権」と呼ばれている権利です。この権利の性質については議論の多いところですが，「人権の分類」で見たように，憲法の趣旨を受けた立法措置が取られ，この具体的な措置を定めた立法を通して裁判規範としての性格をもつことができると考えられています。しかもその際，立法府の裁量をかなり広く認めざるをえないと解されています。設問は，このような生存権の性質論と深く関わっています。併給禁止規定を定めることは，立法府に認められる裁量権の範囲内でしょうか。それとも，範囲を超えているので憲法違反と考えるべきでしょうか。設問の素材である最高裁判決に即して検討することにしましょう。なお，国家の積極的な行為によって実現される社会権としては，ほかに，教育を受ける権利などがあります。この権利についても少し詳しく考えることにします。

《キーワード》生存権，プログラム規定説，併給禁止規定，堀木訴訟，教育

権の所在，旭川学テ事件，環境権

1. 生存権

(1) 法的性格

　生存権の法的性格や性質をどのように理解するかについては，大別して，3つの考え方があります。①プログラム規定説，②抽象的権利説，③具体的権利説です。順に簡単に見ていくことにしましょう。

　プログラム規定説とは，25条は国に対してそこに規定された理念を実現するための政策的指針ないし政治的責務を定めたものであって，具体的法的権利を規定したものではないと解する考え方です。25条は単なるプログラムを定めているにすぎないと解するわけです。これに対して，抽象的権利説は，生存権は25条のみによっては裁判上救済を受ける権利とはいえないが，生活保護法のような25条を具体化する法律が存在する場合には，その法律に基づく訴訟において25条を援用することは認められると解する考え方です。この説によると，25条は立法者に対して立法その他の措置を要求する権利を規定しており，その意味で国に法的義務を課していると解されることになります。最後に具体的権利説ですが，これは，25条の規定そのものに具体的権利性を認めることができるとし，更に，国が生存権を具体化する施策を施さないとき，立法不作為の違憲確認の判断を裁判所に行わせることができると解する考え方です。

　これらの考え方のうち，当初最も有力に唱えられていたのはプログラム規定説でした。この説は，もともとはワイマール憲法の社会権的規定の解釈としてドイツで通説的な地位を占めていたものですが，それが日本に導入され，日本国憲法の解釈論として主張されるようになったので

す。しかしその後，とくに初の生存権訴訟として有名な朝日訴訟をきっかけにして，抽象的権利説がしだいに有力になり，現在では少なくとも学説ではこの説が最も有力な地位を占めるようになっています。

いずれにしても，国民の生存権の確保という憲法上の要請に応えて，国は社会保障制度の充実に努めなければなりません。そしてそれは，さしあたり立法を通じて行われることになります。そこで，社会保障制度に関わる立法のありようについて概観しておくことにしましょう。

(2) 立法による生存権の具体化

社会保障制度の内容についてどのように解するかに関しても，議論は分かれています。ここでは，1950（昭和25）年に出された「社会保障制度審議会」の勧告に基づいて理解しておくことにします。そこでは，「社会保障制度とは，疾病，負傷，分娩，廃疾，死亡，老齢，失業，多子その他困窮の原因に対し，保険的方法又は直接公の負担において経済保障の途を講じ，生活困窮に陥ったものに対しては，国家扶助によって最低限度の生活を保障するとともに，公衆衛生及び社会福祉の向上を図り，もってすべての国民が文化的成員たるに値する生活を営むことができるようにすることをいう」と定義づけられていました。この定義をふまえて，「公的扶助」，「社会保険」，「社会福祉」の３つを取り上げ，それぞれについて簡単に見ておくことにしましょう。

公的扶助に位置づけられる代表的な法律は，「生活保護法」です。この法律は，１条で，「日本国憲法第25条に規定する理念に基き，国が生活に困窮するすべての国民に対し，その困窮の程度に応じ，必要な保護を行い，その最低限度の生活を保障するとともに，その自立を助長することを目的とする」と定めています。ここに，公的扶助の制度趣旨が明確に示されているといえます。「必要な保護」として一定の給付が行わ

れることになりますが，その費用は税金でまかなわれることになります。次に社会保険ですが，これは，いつ起こるか分からない生活上のリスク（病気や失業など）に備えてあらかじめ一定の保険料を支払い，その保険料を財源にして，病気にかかった人や失業した人に給付を行うという制度です。健康保険，年金保険，雇用保険，労災保険，介護保険などがこれに該当します。最後に社会福祉です。これは，障害者・高齢者などに対して援助や介護などの福祉サービスを提供する制度を指します。設問のXさんの訴えは，この社会福祉制度のありように関わっています。

（3） 生存権の裁判的救済――違憲審査基準

　生存権規定に裁判規範性が認められるとしても，立法府にあまりにも広い裁量の余地を，それも画一的に与えてしまうと，違憲と判断される可能性はきわめて限定されることになります。生存権をめぐる裁判における違憲審査のあり方が問われる理由です。

　後で見るように，最高裁判所は，25条全体に対して緩やかな審査基準である「明白の原則」を用いる傾向があります。ただ，最高裁判所といえども，裁判規範性を認めないという意味でのプログラム規定説的な考え方を採っていないことに注意が必要です。これに対して，学説では，抽象的権利説を前提にした二元的基準のアプローチが有力です。つまり，生存権について，人間としての「最低限度の生活」の保障の部分と，より快適な生活の保障の部分とに分け，後者に対しては，立法府の広い裁量を認め，違憲審査基準として緩やかな基準である「明白の原則」を使用することができるとしつつ，前者の「最低限度の生活」の保障が問題となっている場合には，より厳格な基準である「厳格な合理性の基準」を適用すべきである，と解する考え方です。

こうした学説における議論をふまえながら，最高裁判所の考え方を判例に即して少し詳しく検討することにしましょう。

2．堀木訴訟最高裁判決

(1) 下級審判決

　設問は，堀木訴訟と呼ばれる事件を素材にしたものです。第1審判決（神戸地判昭和47・9・20判時678号19頁）は，併給禁止規定を憲法25条ではなく14条1項の法の下の平等に違反するとして，堀木さんの訴えを認めました。本件併給禁止規定は，「障害福祉年金を受給している者であって，児童を監護する母であるという地位にある女性を，一方において，同程度の視覚障害者である障害福祉年金受給者の父たる男性と性別により差別し，他方において，公的年金を受給し得る障害者ではない健全な母たる女性と社会的身分に類する地位により差別する結果をもたらすものである」と解したのです。

　これに対して，第2審判決（大阪高判昭和50・11・10判時795号3頁）は，憲法25条および14条違反の主張をしりぞけて，合憲と判断しました。14条違反については，次のように指摘して，第1審判決を批判しています。性別による差別を問題にするのであれば，廃疾の父が児童を養育する場合における児童扶養手当の支給の有無をもってすべきで，「父が障害福祉年金を受給しているときは，児童扶養手当は本件併給禁止規定により支給されないのであるから，性別による差別はない」と判断しています。第1審判決における差別問題の取り上げ方自体を批判していることになります。しかし，第2審判決でより注目されたのは，25条解釈についてでした。いわゆる「1項・2項分離（峻別）論」が展開されていたからです。

　1項・2項分離（峻別）論とは，生存権保障について，生活保護法に

よる公的扶助制度が該当する憲法25条1項の「救貧施策」と，国民年金法による年金や児童扶養手当法による児童扶養手当等が該当する憲法25条2項の「防貧施策」とを区別して考えるというものですが，より重要なのは区別した後の議論です。2項の「防貧施策」については，1項の「救貧施策」の場合よりも広い裁量が立法府に認められるので，緩やかな審査基準で審査することが許されると解しています。つまり，「例外として立法府の判断が恣意的なものであって，国民の生活水準を後退させることが明らかなような施策をし，裁量権の行使を著しく誤り裁量権の範囲を逸脱したような場合であれば，憲法第25条第2項に反することが明白となり，司法審査に服する」ことになって，違憲判断の可能性が出てくるとしているのです。そして，このような判断枠組みに基づく審査の結果，本件で問題となっている障害福祉年金と児童扶養手当のいずれもが稼得能力の低下・喪失に対する所得の一部を保障しようとするものであるから，憲法25条2項に基づく防貧施策に属すると解され，そうすると，立法府が裁量権の行使を著しく誤り，または濫用したものでもないことは明らかであるので合憲であると判断しました。

(2) 最高裁判決

最高裁判決（最大判昭和57・7・7民集36巻7号1235頁）は，第2審判決と結論は同じですが，理由づけは微妙に違っています。まず，25条1項と2項の関係については，一体的な理解の仕方を示しています。つまり，25条は，1項で「福祉国家の理念に基づき，すべての国民が健康で文化的な最低限度の生活を営みうるよう国政を運営すべきことを国の責務として宣言」するとともに，2項で国が「社会的立法及び社会的施設の創造拡充に努力すべきこと」を宣言していると述べているのです。本判決のこうした議論もあって，これ以降の判決で分離論を見ることは

なくなりました。

　次に注目すべきは，やはり，判断枠組みに関する議論です。本判決は，非常に緩やかな形での審査と結びつく裁判規範性の認め方をしています。判決は次のように述べています。「憲法25条の規定の趣旨にこたえて具体的にどのような立法措置を講ずるかの選択決定は，立法府の広い裁量にゆだねられており，それが著しく合理性を欠き明らかに裁量の逸脱・濫用と見ざるをえないような場合を除き，裁判所が審査判断するのに適しない事柄であるといわなければならない」としています。ここでは，裁判規範性をまったく認めないという意味でのプログラム規定説が採用されていないことと，学説が「明白の原則」と呼ぶきわめて緩やかな審査基準の一元的な使用とが示唆されているように思われます。

　なお，こうした判断枠組みを用いる理由としては，次の2点が指摘されています。第1に，25条1項にいう「健康で文化的な最低限度の生活」がきわめて抽象的・相対的な概念であること，第2に，25条1項を現実の立法として具体化するにあたっては，国の財政事情を無視することができず，また，多方面にわたる複雑多様で，しかも高度の専門技術的な考察とそれに基づいた政策的判断を必要とすること，の2つです。これらの要因は，たしかに立法府の裁量を広く認める根拠とはいえますが，生存権規定が問題となるあらゆる場合に該当するかについては慎重な考慮が必要であるように思われます。人の生死につながる生存権問題もありうるからです。

　では最後に，判決の具体的判断に関する議論を見ることにしましょう。まず判決は，本件で問題となっている児童扶養手当について，受給者に対する所得保障である点において障害福祉年金と基本的に同一の性格を有するものと認定しています。そのうえで，「社会保障法制上，同一人に同一の性格を有する二以上の公的年金が支給されることとなるべ

き，いわゆる複数事故において，そのそれぞれの事故それ自体としては支給原因である稼得能力の喪失又は低下をもたらすものであつても，事故が二以上重なつたからといつて稼得能力の喪失又は低下の程度が必ずしも事故の数に比例して増加するといえないことは明らかである」と解しています。その結果，このような場合に，社会保障給付の全般的公平を図るため公的年金相互間における併給調整を行うかどうかは立法府の裁量の範囲内に属する事柄とみるべきであるから，憲法違反とはならないと結論づけられています。

先に言及した学説における二元的基準のアプローチを前提にした場合，堀木さんの生活状況から見て本件訴えが「より快適な生活の保障」に関わるものと解することができるのであれば，最高裁判決でも問題がないと考えることができます。しかし，そうではなくて，人間としての「最低限度の生活」の保障に該当すると考えられるならば，議論の仕方は変わってこざるをえません。より厳格な審査基準による審査が必要となるからです。

ところで，生存権をめぐる裁判といえば，朝日訴訟も有名です。この事件は，法律の違憲性ではなく，厚生大臣（当時）の設定した日用品費に関する基準金額が，生活保護法の要求する「健康で文化的な最低限度の生活」水準を維持するに足りない違法なものであるとして争われたものです。この判決（最大判昭和42・5・24民集21巻5号1043頁）の中でも，憲法25条1項は，「すべての国民が健康で文化的な最低限度の生活を営み得るように国政を運営すべきことを国の責務として宣言したにとどまり，直接個々の国民に対して具体的権利を賦与したものではない」と述べられていました。この点を捉えて，この判決はプログラム規定説を採用したものだ，と解する学説も存在しています。

しかし，先の議論に続いて，「現実の生活条件を無視して著しく低い

基準を設定する等憲法および生活保護法の趣旨・目的に反し，法律によつて与えられた裁量権の限界をこえた場合または裁量権を濫用した場合には，違法な行為として司法審査の対象となることをまぬかれない」と述べていることからすると，憲法の関連規定（25条）の裁判規範性を認めているとも読めるので，プログラム規定説よりは抽象的権利説に親和的な考え方が示されているといえるのではないでしょうか。堀木訴訟最高裁判決も，こうした議論を前提にしています。

3．教育を受ける権利

（1）意味と内容

　日本国憲法は，26条1項で，「すべて国民は，法律の定めるところにより，その能力に応じて，ひとしく教育を受ける権利を有する」と規定しています。教育を受ける権利の重要性は，教育が，個人が人格を形成し，社会において有意義な生活を送るために不可欠の前提であることを考えれば容易に理解することができるでしょう。

　この権利については，「子どもの学習権」を中心に考えられるようになっています。学習権とは，より具体的には，国民各自が，自己の人格を完成，実現するために必要な学習をする固有の権利を有すること，とくに，自ら学習することのできない子どもは，その学習要求を充足するための教育を自己に施すことを大人一般に対して要求する権利を有することを意味します。憲法26条2項は，「すべて国民は，法律の定めるところにより，その保護する子女に普通教育を受けさせる義務を負ふ」と規定していますが，これは，子どもの学習権に対応して，子どもに教育を受けさせる第一次的な義務が親ないしは親権者にあることを示すものといえるでしょう。

　なお，26条2項は「義務教育は，これを無償とする」ことも定めてい

ますが，ここにいう「無償」の範囲については学説上議論のあるところです。大別して，①無償範囲法定説，②授業料無償説，③就学必需費無償説ないし修学費無償説，の3つの考え方があります。順に簡単に見ておくことにしましょう。①は，どの範囲まで無償とするかはもっぱら法律の定めるところに委ねられていると解するものですが，今日この説を採る考え方はほとんど見られません。②は，教育の対価である授業料の無償を定めたものと解する説です。これに対して，③は，義務教育に関する限り，授業料に加えて，教科書代金，教材費，学用品等，教育に必要な一切の費用を国が負担することを定めたものと解する説です。

この問題は裁判でも争われたのですが，最高裁判所は②の考え方を採用しました。最高裁判決（最大判昭和39・2・26民集18巻2号343頁）では，「憲法26条2項後段の『義務教育は，これを無償とする。』という意義は，国が義務教育を提供するにつき有償としないこと，換言すれば，子女の保護者に対しその子女に普通教育を受けさせるにつき，その対価を徴収しないことを定めたものであり，教育提供に対する対価とは授業料を意味するものと認められるから，同条項の無償とは授業料不徴収の意味と解するのが相当である」と述べられています。この判決が出されたこともあって，現在では，②の授業料無償説が通説と位置づけられています。

教育を受ける権利について，更に激しく争われてきた問題があります。「教育権の所在」をめぐる対立がそれです。

（2）教育権の所在

「教育権の所在」をめぐる問題とは，教育内容について決定するのは「誰か」ということです。この問題に関する基本的な対立は，「国家教育権説」と「国民教育権説」の間に存しました。前者は，立法機関および

行政機関という国家機関に教育内容を決定する権能を認める説です。この説は，公教育制度を支配し，そこで実現されるべきものは国民全体の教育意思であるところ，その教育意思は，議会制民主主義の下では国会の法律制定によって具体化されるから，法律は公教育の内容および方法について包括的に定めることができると考えます。これに対して，後者の国民教育権説は，国家機関が教育内容に介入する権能を原則的に否定して，これを親，教師などの国民に認めるものです。この説によると，国家は教育の条件整備の任務を負うにとどまると解されることになります。

しかし，最近では，これら2つの説のいずれでもなく，両説を折衷する考え方が有力になっています。この説によると，「国民の教育権」と「国家の教育権」を二者択一的に捉えるのではなく，親，教師，学校設置権者のほか教育過程関係者といった教育権の各権利主体の自由あるいは権能の内容を明らかにしながら，これと対抗関係にある国家の権能の内容と限界を明らかにしなければならないと解されています。

(3) 旭川学テ事件判決

こうした考え方は，最高裁判決でも採用されています。旭川学テ事件最高裁判決（最大判昭和51・5・21刑集30巻5号615頁）です。判決は，上述した国家教育権説と国民教育権説について説明した後で，「当裁判所は，右の二つの見解はいずれも極端かつ一方的であり，そのいずれをも全面的に採用することはできないと考える」と述べています。では，この判決の基本的な視点はどのようなものでしょうか。「子どもの教育は，教育を施す者の支配的権能ではなく，何よりもまず，子どもの学習をする権利に対応し，その充足をはかりうる立場にある者の責務に属するものとしてとらえられている」ことに注目しておきたいと思いま

す。「子どもの学習権」をベースにして,「教育権の所在」に関する問題を考えようとしているからです。

　次に,判決は,子どもの教育に関わる関係者の関与の範囲や仕方について論じています。その際の前提は,子どもの教育は,「専ら子どもの利益のために行われるべきものであり,本来的には右の関係者らがその目的の下に一致協力して行うべきもの」であるけれども,「教育内容の決定につき矛盾,対立する主張の衝突が起こるのを免れることができない」という問題認識です。そして,憲法次元におけるこの問題の解釈としては,「右関係者らのそれぞれの主張のよつて立つ憲法上の根拠に照らして各主張の妥当すべき範囲を画するのが,最も合理的な解釈態度というべきである」ことを指摘し,この視点から,関係者,具体的には,親,教師,国などが子どもの教育に関与できる範囲を画定していくことになります。

　まず親については,「子どもに対する自然的関係により,子どもの将来に対して最も深い関心をもち,かつ,配慮をすべき立場にある者」として位置づけたうえで,親の教育の自由は,「主として家庭教育等学校外における教育や学校選択の自由」として現れるものと解しています。そして,私学教育における自由や教師の教授の自由が限られた一定の範囲で認められることを指摘した後で,国の教育への関与を次のような形で認めています。「国は,国政の一部として広く適切な教育政策を樹立,実施すべく,また,しうる者として,憲法上は,あるいは子ども自身の利益の擁護のため,あるいは子どもの成長に対する社会公共の利益と関心にこたえるため,必要かつ相当と認められる範囲において,教育内容についてもこれを決定する権能を有するものと解さざる」をえないとしているのです。

　こうした判決の議論に対しては,国の関与する範囲を広く認めすぎて

いるという批判があります。たしかに，このような批判や懸念を完全に払拭することは困難です。しかし，判決が上の議論に続けて，次のように述べていることには注目しておいてよいのではないでしょうか。少し長くなりますが，引用しておきます。「本来人間の内面的価値に関する文化的な営みとして，党派的な政治的観念や利害によつて支配されるべきでない教育にそのような政治的影響が深く入り込む危険があることを考えるときは，教育内容に対する右のごとき国家的介入についてはできるだけ抑制的であることが要請されるし，殊に個人の基本的自由を認め，その人格の独立を国政上尊重すべきものとしている憲法の下においては，子どもが自由かつ独立の人格として成長することを妨げるような国家的介入，たとえば，誤つた知識や一方的な観念を子どもに植えつけるような内容の教育を施すことを強制するようなことは，憲法26条，13条の規定上からも許されないと解することができる」。

ここには，「教育政策を樹立，実施すべく，また，しうる者」が，胆に銘じておくべき内容が含まれているように思われます。

コラム⑭　環境権

日本は，1960年代の高度成長時代に，様々な公害問題に直面しました。そうした中で，「新しい人権」の1つとして環境権が主張されるようになりました。こうしたことの背景には，問題の事後的解決では十分でなく，事前の予防措置が重要だと考えられるようになったことがあります。つまり，人の生命・健康を維持するためには，被害が現実に生じる前に，被害の原因である公害を予防し，あるいは除去することが必要だと考えられるようになったのです。

ただ，環境権を社会権のところで取り上げることに疑問を感じる人も

いるのではないでしょうか。環境権については，多様な理解が存在しています。実際，環境権を自由権として位置づける有力な見解もあります。この見解によると，環境権は良い環境の享受を妨げられないという意味では自由権であり，憲法13条の幸福追求権と結びつけられて理解されることになります。しかし，環境権を実現し具体化するには，国家による積極的な環境保全のための施策の実施が必要です。そうだとすると，国家の作為を要求しうる社会権としての性格をもつことになります。こうしたことから，憲法25条も環境権の根拠と解されているのです。ただし，最高裁判所は，いまだに一度も，環境権を真正面から認めたことはありません。

参考文献

芦部（高橋補訂）・憲法〔第5版〕，pp.258-267
大島佳代子「教育を受ける権利」大石＝石川・争点，pp.176-177
佐藤幸・日本国憲法論，pp.361-372
中富公一「環境権の憲法的位置づけ」大石＝石川・争点，pp.180-181
野中他・憲法Ⅰ〔第5版〕，pp.501-522
長谷部・憲法〔第5版〕，pp.263-276
藤井俊夫「憲法25条の法意」，pp.174-175

15 参政権と国務請求権

《設　問》日本国憲法は，15条1項で，「公務員を選定し，及びこれを罷免することは，国民固有の権利である」と定め，国民に対して選挙権を基本的権利として保障しています。このような規定の下で，疾病等のために歩行が著しく困難な選挙人について，投票所に行かずに在宅で投票用紙に投票の記載をして投票することを認める制度，すなわち，いわゆる在宅投票制度を廃止することが許されるかについて検討してください。

《目標・ポイント》1952（昭和27）年に改正される前の公職選挙法は，在宅投票制度を認めていました。ところが，1951（昭和26）年に実施された統一地方選挙においてこの制度が悪用された事例が数多くあったため，1952年の法律改正によって同制度は廃止されました。しかしその後は，後で検討する在宅投票制度廃止違憲訴訟などの影響もあって，制度の改善が図られています。たとえば，1974（昭和49）年には郵便投票制度が新たに導入されました。これは，重い身体障害等を有する選挙人について，現に居住する場所において投票用紙に投票の記載をし，これを郵送する方法で投票を行うことを認める制度です。また，2004（平成16）年には，在宅郵便投票の対象者のうち，一定の選挙人（上肢障害，視覚障害者1級の人）に代理記載が認められるようになりました。

　こうした制度の変遷は，憲法が保障している選挙権の意味や内容に関する理解の仕方と深く関わっています。本章では，国民の政治参加と密接な関わりを有する参政権（選挙権・被選挙権など）について検討することを通じて，設問の問いに迫ることにしたいと思います。また，それに加えて，国家の積極的な作為を要求する権利として位置づけられている国務請求権についても概観することにします。具体的には，請願権，裁判を受ける権利，国家賠償請求権，刑事補償請求権です。

《キーワード》選挙権，被選挙権，在宅投票制度，議員定数不均衡，事情判

決の法理，国務請求権

1．選挙権の法的性格

（1）従来の議論

　選挙権の法的性格をどのように理解するかについては，明治憲法の下でも議論がありました。そこでの議論のあり方は日本国憲法が制定された後も引き継がれましたが，その概要を整理すると，次のようになります。第1に，選挙権を個人の自然的な権利と解する「権利説」，第2に，選挙という公の職務を執行する義務（公務）と解する「公務説」，第3に，国家機関の権限行使と解する「権限説」，あるいはそのことを前提としたうえで個人の選挙人資格請求権を認める「請求権説」，そして第4に，選挙権をもって権利であると同時に公務的性質を有するものと理解する「二元説」といった議論があったのです。

　このように多様な考え方がある中で，従来わが国で通説的な地位を占めてきたのは二元説でした。選挙権の複雑な内容と側面を包括的に説明できるものとして，多くの支持を集めてきたからです。

（2）最近の議論

　しかし，二元説に対しては，最近，いわゆる「人民（プープル）主権」論に基づいた「権利（一元）説」の立場から，かなり厳しい批判が提起されています。この考え方によれば，選挙権は，主権者としての各市民（参政能力を備えた成人）の主権行使の権利として理解されるべきだとされます。そうだとすると，選挙権の制約は，主権者としての資格に内在する最小限のものにとどめられなければならず，この点，二元説

は選挙権の公務性から権利の制限を容易に認めてきたのではないかと批判するのです。

　これに対して、権利（一元）説に対しても、いろいろな疑問が投げかけられています。たとえば、最近の二元説の有力な立場は、選挙権の権利的側面を強調しており、その意味では、権利（一元）説と二元説の間に実際のところ解釈論上の違いがあるのかどうか疑問であるとの指摘がなされています。また、権利（一元）説が権利の内在的制約しか認めず、選挙に関する立法府の裁量そのものを否定するのであれば、選挙の公営化については説明が不可能となるのではないかなどの批判も出されています。

　いずれにしても、選挙権の法的性格をめぐる最近の議論は、通説的見解とされる二元説と新たに有力に主張されるようになった権利（一元）説との間で行われていることに注意が必要です。選挙に関する具体的な問題についての考え方の違いの一因が、この点に求められているからです。ただ、すべての問題について、この２つの説が異なった結論をもたらすわけではありません。法的性格論の意義を過大視すべきではないとの見解も存在しています。

　なお、最高裁判所は、後で少し詳しく検討する議員定数不均衡に関する判決（最大判昭和51・4・14民集30巻3号223頁）の中で、「選挙権は、国民の国政への参加の機会を保障する基本的権利として、議会制民主主義の根幹をなすものである」との考えを示しています。この表現をもって、最高裁判所がいわゆる権利（一元）説を採っていることの証とすることはできませんが、選挙権の権利的側面に目を配っていることは間違いありません。

（3）被選挙権

　被選挙権は，一般に，選挙されうる資格ないし地位のことであって，権利ではないと理解されてきました。「選挙人団によって選定されたとき，これを承諾し，公務員となりうる資格」とされてきたのです。

　これに対して，最近，「立候補の自由」という意味での被選挙権に関しては，憲法で保障された国民の基本的な権利であると解する見解が支配的となっています。ただし，憲法上の根拠については，それを明示する規定がないこともあって，学説上争いがあります。13条の幸福追求権にそれを求める見解と，選挙権と被選挙権を一体としてとらえたうえで15条1項に根拠を求める見解とに分かれているのです。

　では，最高裁判所は，立候補の自由についてどのように考えているのでしょうか。憲法15条1項の保障する「重要な基本的人権の一つ」と理解しています。いわゆる三井美唄炭坑労働組合事件に関する判決（最大判昭和43・12・4刑集22巻13号1425頁）の中で，「立候補の自由は，選挙権の自由な行使と表裏の関係にあり，自由かつ公正な選挙を維持するうえで，きわめて重要である。このような見地からいえば，憲法15条1項には，被選挙権者特にその立候補の自由について，直接には規定していないが，これもまた，同条同項の保障する重要な基本的人権の一つと解すべきである」と述べているからです。したがって，被選挙権を，選挙されうる資格や地位としてのみ理解するのは不十分です。

2．選挙権行使の制限をめぐるいくつかの問題

（1）在宅投票制度の廃止

　在宅投票制度の廃止によって，選挙権は有しているものの，実際にはそれを行使できない人々が多数現れることになりました。そこで提起されたのが，在宅投票制度廃止違憲訴訟です。第1審判決（札幌地小樽支

判昭和49・12・9判時762号8頁）は，次のように述べて，国家賠償請求を認めました。「法律改正に基づき，原告のような身体障害者の投票を不可能あるいは著しく困難にした国会の立法措置（著者注：＝在宅投票制度の廃止）は，前記立法目的達成の手段としてその裁量の限度をこえ，これをやむを得ないとする合理的理由を欠くものであって，国民主権の原理の表現としての公務員の選定罷免権および選挙権の保障ならびに平等原則に背き，憲法第15条第1項，第3項，第44条，第14条第1項に違反するものといわなければならない」。

これに対して，最高裁判所は，立法の内容の違憲性と当該立法行為（不作為を含む）の国家賠償法上の違法性とを区別したうえで，後者について「国会議員の立法行為は，立法の内容が憲法の一義的な文言に違反しているにもかかわらず国会があえて当該立法を行うというごとき，容易に想定し難いような例外的な場合でない限り，国家賠償法1条1項の規定の適用上，違法の評価を受けないものといわなければならない」と述べ，本件廃止行為の違法性を認めませんでした（最判昭和60・11・21民集39巻7号1512頁）。

この最高裁判決に対しては，先に見た二元説の立場からも批判が提起されました。選挙権は，実際に行使できて初めて意味のある権利です。形式的には認められていても，何らかの理由で実際には投票することができないのであれば，選挙権は保障されていないに等しいということになるでしょう。こうしたことから，選挙権の「基本的権利」としての側面を強調する最近の二元説の立場に立っても，在宅投票制度の廃止は許されないと考えられたのです。こうした議論の動向もあって，その後，在宅投票制度は，部分的にではありますが，復活しています。《目標・ポイント》のところで簡単に説明したとおりです。ところで，最高裁判所は，選挙権行使の制限が問題となった別の事案ではより積極的な判断

を示しています。在外国民の選挙権保障が争われた訴訟です。

(2) 在外国民の選挙権保障

　在外国民に国政選挙における選挙権行使を認める「在外選挙制度」は，比較的最近まで日本では認められていませんでした。1998（平成10）年の公職選挙法改正によって初めて認められたのです。この法律改正により，新たに在外選挙人名簿が作られることになりました。こうして，在外国民は国政選挙において選挙権を行使することが可能となったのですが，それは部分的なものにとどまっていました。衆議院選挙区選出議員選挙および参議院選挙区選出議員選挙は，当分の間制度の対象とはならないと定められていたからです。

　こうした中にあって，1996（平成8）年に実施された衆議院議員の総選挙において投票することができなかった在外国民が原告となって，公職選挙法が在外国民に国政選挙における投票を認めていないことが違憲違法であることの確認および慰謝料の支払いを求める訴えが提起されたのです。本件訴えは，1998（平成10）年の法改正前に提起されたものです。したがって，裁判の進行にともない，改正前の在外選挙制度の不存在と改正後の制度の不十分さの両方が争われることになりました。

　最高裁判決（最大判平成17・9・14民集59巻7号2087頁）は，改正前の制度の不存在については直ちに違憲であること，そして改正後の不十分な制度については遅くとも本判決言渡し後に初めて行われる衆議院議員の総選挙または参議院議員の通常選挙の時点において違憲となることを認めるきわめて注目すべきものでした。最高裁判所が判決の中で次のように述べていることが何よりも注目されます。「国民の代表者である議員を選挙によって選定する国民の権利は，国民の国政への参加の機会を保障する基本的権利として，議会制民主主義の根幹を成すもの」であ

ることなどにかんがみると，「自ら選挙の公正を害する行為をした者等の選挙権について一定の制限をすることは別として，国民の選挙権又はその行使を制限することは原則として許されず，国民の選挙権又はその行使を制限するためには，そのような制限をすることがやむを得ないと認められる事由がなければならない」。そして，「そのような制限をすることなしには選挙の公正を確保しつつ選挙権の行使を認めることが事実上不能ないし著しく困難であると認められる場合でない限り，上記のやむを得ない事由があるとはいえず，このような事由なしに国民の選挙権の行使を制限することは，憲法15条1項及び3項，43条1項並びに44条ただし書に違反するといわざるを得ない」との判断を示したのです。

　こうした考え方からすると，在宅投票制度の廃止についても，当然その合憲性が問題となるように思われます。ともあれ，本判決が選挙権をめぐる他の問題に関する今後の議論にどのような影響を与えることになるのかが注目されるところです。なお，選挙権に関する問題の中で最も注目を浴び続けているのは，議員定数不均衡問題ではないでしょうか。選挙が行われるたびに，訴訟が提起されているからです。そこで，この問題について，少し詳しく検討しておくことにしましょう。

3．議員定数不均衡問題

(1) 議員定数不均衡問題とは

　人口変動に対応した定数配分の見直しが行われないままに放置されると，選挙区ごとの議員1人当たりの人口比に大きな較差がもたらされることになります。そうすると，選挙人の投じた票は，選挙区，すなわち住んでいる場所によって選挙結果に及ぼす影響力が違ってくるという事態が生じます。では，こうした事態に憲法上問題はないのでしょうか。これが，議員定数不均衡問題です。

近代選挙法の原則の1つに，平等選挙の原則があります。それは，一般に，選挙権の価値の平等，すなわち1人1票の原則を意味すると理解されてきました。そして，歴史的には，特定の選挙人に2票以上の投票を認める複数選挙制や選挙人を特定の等級（たとえば納税額などによって）に分けて等級ごとに代表者を選出する等級選挙制は，この原則に反して許されないと考えられてきたのです。

　では，各選挙人の投じた票が選挙の結果に及ぼす影響力の平等，つまり，投票価値の平等も選挙権の平等に含まれるといえるのでしょうか。最高裁判所は，かつては含まれていないと読めるような判決を出したこともありますが，現在では明確に含まれていると解しています。先に言及した1976（昭和51）年の大法廷判決で，「選挙権の平等は，……選挙権の内容の平等，換言すれば，各選挙人の投票の価値，すなわち各投票が選挙の結果に及ぼす影響力においても平等であること」を含むと述べているからです。

　こうして，議員定数不均衡問題は，このように理解された選挙権の平等との関わりで憲法問題として位置づけられることになったのです。では，議員定数の不均衡は，どのような場合に，あるいはどのような状態になったときに，選挙権の平等を侵害して憲法違反となるのでしょうか。違憲審査基準が問題となります。

（2）違憲審査基準

　最高裁判所は，先に挙げた判決の中で，議員定数配分において人口比例原則が「最も重要かつ基本的な基準」であるとしつつも，他の政策的目的や理由との関連において調和的に実現されるべきものとの考えを示しています。そして，このような考え方に基づいて，約1対5の較差を選挙権の平等の要求に反していると判断しました。しかしその際，どこ

までの較差が許されるのかについての数的基準は示しませんでした。したがって，この点をどのように考えるべきかという問題が残されています。

これに対して，学説では，より厳格な数的基準が追求されています。1対2を限度もしくは目安とすべきであるとする見解が有力ですが，先に見た権利（一元）説の立場からは，原則として，1対1以外は憲法上正当化されえないという考え方も提唱されています。選挙権や投票価値の平等が民主制と深いかかわりを持っていることを考えると，それらをめぐる争いに対する違憲審査はより厳格なものでなければならず，較差の問題についても，こうした観点からの検討が必要となるでしょう。

なお，最高裁判所は，較差以外に，もう1つの要素を加味して違憲審査を行っています。較差が違憲状態になっていることだけでは違憲とは判断しません。つまり，較差が国会において通常考慮しうる様々な要素を斟酌してもなお一般的に合理性を有するとは到底考えられない程度に達していることに加えて，合理的期間内における是正が憲法上要求されているにもかかわらずそれが行われない場合に初めて違憲となると考えているのです。1976（昭和51）年判決では，これら2つの要件がいずれも満たされているとして違憲判断が示されましたが，選挙それ自体は無効とはされませんでした。どうしてでしょうか。

（3）選挙の効力

裁判所によって違憲あるいは違法と判断された国家行為は，無効となるのが原則です。したがって，議員定数不均衡訴訟の場合，違憲と判断された定数配分規定に基づいて行われた選挙は違法となるはずで，そうするとその効力は否定されなければなりません。しかし，1976年判決は，そのような考え方を採りませんでした。選挙が全体として無効とな

ることによって生じる憲法の予期しない不当な結果を避けるために，行政事件訴訟法31条に含まれる，いわゆる「事情判決の法理」を適用して選挙を無効とせず，違法の宣言にとどめる判決を下したのです。

公職選挙法が事情判決に関する規定の準用を明確な形で否定している(219条)こともあって，このような判決手法に対しては違憲の既成事実を追認するだけではないかといった厳しい批判が提起されています。しかし他方において，妥当な解決を求めての法創造的な判決手法として高く評価する見解も存在しています。

(4) 参議院議員選挙の場合

1976年判決は，衆議院議員選挙に関するものでした。では，参議院議員選挙の場合にはどのように考えるべきでしょうか。最高裁判所は，衆議院の場合とは少し違った考え方を採っています。立法府の裁量をより広く認めているのです。つまり，投票価値の不平等が「到底看過することができない」程度の著しい状態になり，しかもその不平等状態が「相当期間」継続し，是正措置を講じないことが立法府の裁量の許される限界を超えると判断される場合に初めて違憲となるとしています。こうして，1対5の較差をもってしても違憲状態にはないと判断しました（最大判昭和58・4・27民集37巻3号345頁）。

なお，最高裁判所が立法府の裁量をより広く認める理由として用いているものに，参議院の特殊性論があります。「参議院（選挙区選出）議員の選挙制度の仕組みについて事実上都道府県代表的な意義ないし機能を有する要素を加味したからといって，これによって選出された議員が全国民の代表であるという性格と矛盾抵触することになる」とはいえないとしているのです（最大判平成8・9・11民集50巻8号2283頁）。

学説の大勢は，こうした最高裁判所の考え方に対して批判的です。仮

に参議院の特殊性や二院制の趣旨を考慮することによって，1対2の基準を若干緩和しうるとしても，1対5の較差を認めることはできないと考えています。ただ，最大較差がどこまで認められるかについては，見解はかなり多様に分かれています。権利（一元）説の立場からは，参議院の場合も原則はあくまで1対1であって，人口比例原則の後退を正当化できるのは，憲法上の要請である半数改選制に由来する偶数定数制と端数処理によるものに限定されなければならないという主張がなされています。

(5) 判例の最近の動向

　衆議院議員選挙については，その後，1994（平成6）年に小選挙区比例代表並立制が導入されましたが，この制度の下で2009（平成21）年に行われた総選挙の選挙無効訴訟に対して最高裁判所が下した判決を簡単に見ておくことにしましょう。2011（平成23）年3月に出された大法廷判決（最大判平成23・3・23民集65巻2号755頁）は，選挙当日における選挙区間の最大較差が1対2.304であり，最も人口の少ない選挙区と比較した較差が2倍以上となった選挙区は45にのぼることを指摘したうえで，「区画審設置法」が採用している1人別枠方式がこのような選挙区間の較差を生じさせる主要な原因であったとしました。そして，この1人別枠方式は，立法時の合理性を失っているので，かかる基準に基づく選挙区割とともに憲法の投票価値の平等の要求に反していると判断したのです。ただし，この判決は，なお是正のための合理的期間を経過していないとして，結論的には違憲ではないとしています。

　参議院議員選挙に関する2012年大法廷判決（最大判平成24・10・17）は，最大較差1対5.00について違憲状態の判断を示すとともに，判決の最後で，選挙制度の仕組み自体の抜本的見直しに言及している点は注目

に値します。

　こうした最高裁判決の最近のありようを見ると，最高裁判所が議員定数不均衡問題にかなり厳しい態度で臨むようになっていることと，それにともなって国会の迅速な対応が望まれていることの2点を指摘できるように思われます。

4．国務請求権

(1) 請願権

　請願権については，明治憲法でも言及されていましたが，その内容や方法については厳しい制限がありました。これに対して，日本国憲法は，16条で，「何人も，損害の救済，公務員の罷免，法律，命令又は規則の制定，廃止又は改正その他の事項に関し，平穏に請願する権利」を有すると定め，請願の内容や方法についてより広く認めようとしています。

　請願は，すべての国または地方公共団体の機関に対して行うことができ，その対象となる事項は一切の国務または公務に関する事項に及ぶと解されています。また，請願は，日本国民だけでなく，外国人もこれを行うことができると解されています。なお，法人も請願を行うことのできる主体から排除されてはいません（請願法2条参照）。

　ところで，請願権については，一般に，請願は公の機関に対する希望の申し出にすぎないから，請願の内容について審理し，何らかの判定・回答を求めることまでは含まれず，ただその受理を求める権利たるにとどまると解されています。つまり，請願権保障の効果については，請願を受けた機関にそれを誠実に処理する義務を課するにとどまり（請願法5条），請願の内容を審理・判定する法的拘束力を生ぜしめるものではないとされているのです。ただし，この点については，請願権の「参政

権」的性格を強調する立場からは，応答責任を何らかの形で認めるべきではないか，との意見が出されているところです。

（2）裁判を受ける権利

　明治憲法は，大陸法的な「法律上の裁判官」の保障という形で「裁判を受ける権利」を保障していました。つまり，24条で，「日本臣民ハ法律ニ定メタル裁判官ノ裁判ヲ受クルノ権ヲ奪ハル、コトナシ」と定めていたのです。しかし，この権利の実質的な保障は，きわめて不十分であったといわれています。とくに行政事件の裁判は，通常裁判所の系列には属さない行政裁判所の管轄に属し，しかもその出訴事項が限定されていたからです。

　これに対して，日本国憲法は，32条で，「何人も，裁判所において裁判を受ける権利を奪はれない」と規定しています。これは，憲法で定められている近代的裁判制度を前提として，そこでの裁判を受ける権利を人権として保障したものと解されています。「法律上の裁判官」の保障を超える内容を含んでいるといえるでしょう。

　裁判を受ける権利とは，すべての人が平等に，政治部門から独立した公平な裁判所の裁判を求める権利を有するということと同時に，そのような裁判所の裁判によるのでなければ刑罰を科せられないということを意味します。前者は，一般に「裁判の拒絶」の禁止として理解されています。また後者に関しては，31条の定める適正手続の保障の当然の要請であり，しかも37条1項が重ねて規定しているところでもあります。

　いずれにしても，憲法32条で定められている裁判を受ける権利は，裁判所による違憲審査制を採用した日本国憲法の下では，個人の基本的人権の保障を確保し，「法の支配」を実現するうえで不可欠の前提となる権利として位置づけることのできるものです。この点を重視する立場

は，裁判を受ける権利の性格について，それを国務請求権として捉えるだけでは不十分であり，「基本権を確保するための基本権」とでもいうべき性質のものであることを強調しています。

「裁判」の意味するところについて検討しておくことにしましょう。ここにいう「裁判」が，単に「裁判所による裁判」というだけでなく，紛争を公正に解決するにふさわしい手続によってなされるものでなければならないことを意味する点に注意が必要です。裁判を受ける権利は，一定の手続的保障をも，その内実として含んでいると解されているのです。そして，そのような手続としてとくに重要なものが，憲法82条で定められている公開・対審の原則であるとすることに争いはありません。したがって，こうした原則に基づく手続によらない「裁判」によって紛争を処理することは，裁判を受ける権利を保障したことにはならないということになります。

（3）国家賠償請求権

憲法17条は，「何人も，公務員の不法行為により，損害を受けたときは，法律の定めるところにより，国又は公共団体に，その賠償を求めることができる」と規定して，いわゆる国家賠償請求権を保障しています。

ところで，国家の賠償責任を認める制度は，歴史的にみると，比較的新しく確立したものだといわれています。近代国家の成立当初においては，国家無責任の原則が支配的であり，国の不法行為責任は否定されていました。日本においても，明治憲法には本条のような規定は存在せず，また国の賠償責任を一般的に認めた法律もありませんでした。つまり，日本国憲法の下で初めて制度化されたものなのです。ちなみに，憲法17条の規定は，40条の刑事補償の規定もそうなのですが，憲法草案の

段階では存在せず，衆議院の修正過程で付加されて成立したという経緯があります。当時の国家責任の制度をめぐる世界の趨勢と明治憲法下の状況とが考慮された結果だと思われます。

憲法17条は，「法律の定めるところにより」損害賠償を請求しうると規定して，損害賠償請求権行使の要件を法律の定めに委ねていますが，この規定の性格をどのように解するかについては議論の余地があります。つまり，この規定によって国家賠償請求権はすでに具体的権利性を認められているのか，それともこの規定を受けて制定される法律（＝国家賠償法）によって初めて具体的な権利となるのかが問題となりうるからです。

当初の通説は，この規定はいわゆるプログラム規定であって，立法者に対する命令を意味するにとどまるというものでしたが，現在では，抽象的権利を定めた規定と解する説が有力であるように思われます。したがって，最近の有力説によれば，法律が，無条件に国の賠償責任を否定するなど，憲法17条の保障の趣旨を没却するようなものである場合には，それは違憲無効となると考えられることになるでしょう。最高裁判所も，基本的には同じように考えています（いわゆる「郵便法違憲訴訟」判決〔最大判平成14・9・11民集56巻7号1439頁〕）。

（4）刑事補償請求権

憲法40条は，「何人も，抑留又は拘禁された後，無罪の裁判を受けたときは，法律の定めるところにより，国にその補償を求めることができる」と定めています。これは，憲法31条以下で規定されている手続の下に進められた場合であっても，ひとたび無罪の裁判が帰結されたときには，その者の人身の自由の侵害に対して事後的に救済を図ろうとする趣旨で定められたものと解されています。なお，本条の刑事補償請求権

は，公務員の側の故意・過失にかかわりなく結果に対する補償請求を認める点で，17条の国家賠償請求権とは性質を異にしている側面があります。憲法40条の規定を受けて制定されたのが刑事補償法です。したがって，刑事補償請求権の具体的な内容や手続を理解するためには，この法律を見なければなりません。

コラム⑮　義務投票制の採用

　棄権した選挙人に対し一定の制裁を科すことによって選挙に参加することを義務づけることを，義務投票制あるいは強制投票制といいます。今のところ日本ではこのような制度は採用されていませんが，外国ではオーストラリアやイタリアなどのようにこの制度を採用している例があります。最近，わが国では選挙が行われるごとに，投票率の低さが問題とされています。この問題を克服するために，投票時間の延長や期日前投票などの措置が取られました。その結果，投票率の低下現象に歯止めがかかったとの指摘があります。しかし，必ずしも上昇傾向に推移しているわけではありません。そうすると，義務投票制の採用の余地がまったくないというわけではないことになります。投票率がきわめて低い中で選ばれた代表者は，民主的正統性という観点からすると問題があるように思われるからです。また，議会制民主主義の基盤が揺らぐことにもなるでしょう。

　では，義務投票制を採用することに憲法上問題はないのでしょうか。棄権の自由を積極的に認める権利（一元）説からすると，当然否定されることになります。これに対して，二元説からは，義務投票制の具体的なあり方しだいでは認められる余地が出てくるように思われます。公務的性格で説明するかどうかはともかく，議会制民主主義の基盤を確保す

る目的に厳密に適合した措置であれば許されると解される可能性があるからです。

参考文献

芦部（高橋補訂）・憲法〔第5版〕，pp.248-257
佐藤幸・日本国憲法論，pp.353-360，pp.380-383
渋谷秀樹「裁判を受ける権利と非訟事件」大石＝石川・争点，pp.170-171
野中他・憲法Ⅰ〔第5版〕，pp.533-559
長谷部・憲法〔第5版〕，pp.287-298
日野田浩行「選挙権・被選挙権の性質」大石＝石川・争点，pp.182-183
吉田栄司「請願権の意義」大石＝石川・争点，pp.172-173
和田進「議員定数配分の不均衡」大石＝石川・争点，pp.184-185

索引

●配列は五十音順。

●あ　行

旭川学テ事件　211
朝日訴訟　212
芦田修正　38
委員会中心主義　64
違憲審査制　22
泉佐野市民会館事件　182
1項・2項分離（峻別）論　214
一国多制度論　120
一般意思　49
一般的自由説　151
宴のあと事件　154
上乗せ条例　105
営業の自由　195
営利的表現　186
愛媛玉串料事件判決　175
LRAの原則　187
エンドースメント・テスト　175
尾高・宮沢論争　28
尾高朝雄　28

●か　行

会期不継続の原則　66
閣議　17
確立された国際法規　17
加持祈禱事件　170
金森徳次郎　106
環境権　211
官制大権　74
間接効力（間接適用）説　138
完全放棄説　38
完全補償説　208
管理売春　196
議案　61
議院規則　57

議員定数不均衡　224
議院定数不均衡訴訟　94
議院内閣制　21
議院法制局　63
議会統治制　83
機関委任事務　112
機関訴訟　94
棄権の自由　239
規制目的二分論　195
貴族院型二院制　69
君が代起立斉唱　168
義務投票制　239
客観訴訟　93
救貧施策　215
教育を受ける権利　210
行政事務　112
強制投票制　239
京都市前科照会事件　155
許可制　182, 195
均衡本質説　73
近代的意味（立憲的意味）の憲法　12
金融商品取引法　207
区画審設置法　234
具体的権利説　211
国地方係争処理委員会　113
君主　31
警察予備隊　90
警察予備隊違憲訴訟　90
形式的意味の憲法　11
刑事補償請求権　224
刑事補償法　239
血統主義　126
検閲の禁止　181
厳格な合理性の基準　160, 198
元首　30

限定放棄説　37
剣道実技拒否事件　171
憲法裁判所　90
憲法上の習律　17
憲法の法源　14
憲法付属の法律　16
権利（一元）説　225
権利章典　12
権力分立　13
公安条例　182
皇位の継承　32
公益事業　196
公共事務　112
公共の福祉　149
皇室経済法　16
皇室経費　39
皇室典範　16
公衆浴場法　195
公職選挙法　16
公人的行為説　34
硬性憲法　13
公正取引委員会　86
拘束式　44
公的行為　34
公的扶助　212
小売市場合憲判決　200
小売商業調整特別措置法　201
合理的関連性の基準　160
合理的期間　232
合理的区別　151
国際人権規約　16, 123
国事行為　33
国事行為の代行　33
国政調査権　23
国籍法　16, 126
国籍離脱の自由　129

国体変革　28
国民教育権説　220
国民主権　15
国民審査　99
国民投票制　28
国民内閣制　48
国民年金法　210
国務請求権　224
国務大臣　74
国務の総理　74
国会単独立法の原則　57
国会中心立法の原則　57
国会法　16
国家教育権説　219
国家行為の法理　139
国家公務員法　16
国家賠償請求権　224
国家賠償法　228, 238
国家無責任の原則　237
国権の最高機関　55, 56
子どもの学習権　218
固有権説　108
固有事務　112

●さ　行

在外選挙制度　229
最高裁判所規則　57
財産権　89, 195
在宅投票制度　224
在宅投票制度廃止違憲訴訟　227
裁判規範性　36
裁判所法　16
裁判の拒絶　236
裁判を受ける権利　103, 224
札幌税関検査事件判決　191
猿払事件判決　143

参議院型二院制　69
三権分立　19
三審制　98
参政権　224
自衛戦力合憲論　39
自衛力合憲論　39
塩見訴訟判決　130
資格制　196
自己決定権　151
事実行為　139
実質的意味の憲法　11
事情判決の法理　224
自然権　122
事前抑制の原則の禁止　187
自治事務　113
質疑　71
質問　71
質問主意書　71
私的自治の原則　137
児童扶養手当　210
児童扶養手当法　210
社会的権力　136
社会福祉　212
社会保険　212
借地借家法　205
謝罪広告　154
謝罪広告命令事件　166
ジャック・マリタン　27
衆議院の解散　33
衆議院の優越　70
就業規則　136
住民投票　28
住民投票条例　105
取材の自由　185
首長　73
出生地主義　126

住民自治　106
住民訴訟　94
常会　67
障害福祉年金　210
消極国家　22
消極目的規制　197
証券取引法　207
少数代表制　42
小選挙区制　42
象徴的行為説　34
情報公開法　185
条約　16
職業選択の自由　195
職業の自由　195
知る権利　180
人格権　154
人格的利益説　151
人事院規則　142
新無効力（適用）説　138
森林法　206
森林法186条違憲判決　206
生活保護法　211
請願権　224
請願法　235
政教分離原則　94, 165
制限列挙説　158
政治資金規正法　53
性質説　129
政治的美称説　56
生存権　89
政党国家　22
正当な補償　195
制度的保障説　108
成文法源　14
世界人権宣言　123
責任本質説　73

世襲の原則　32
積極国家　22
積極目的規制　198
絶対的平等　159
選挙権　224
選挙無効訴訟　94
全国民の代表　48
全国区制　46
戦争放棄　36
総合調整機能説　56
総辞職　77
相対的平等　159
相当補償説　208
属人主義　126
空知太神社事件判決　177

●た　行

大学の自治　165
第三世代の人権　122
ダイシー　17
代襲相続人　161
対審　102
大選挙区制　42
大統領制　50
代表質問　71
多数代表制　42
単記移譲式　44
男女雇用機会均等法　136
団体委任事務　112
団体自治　106
地方公務員法　16
地方自治の本旨　105
地方自治法　16
地方自治特別法　28
地方分権　23, 105
地方分権一括法　112

嫡出子　151
チャタレイ事件判決　193
中央省庁等改革関連法　81
抽象的違憲審査制　92
抽象的権利説　211
中選挙区制　43
直接効力（直接適用）説　138
直接請求制　117
津地鎮祭事件　169
適正配置規制　195
伝来説・承認説　108
統括機関説　56
等級選挙制　231
道州制　105
党籍変更議員の失職制度　44
当選無効訴訟　94
東大ポポロ事件　178
同輩中の主席　80
投票価値の平等　231
徳島市公安条例事件判決　116, 187
独占禁止法　205
特別会　67
特別犠牲説　208
特別区　109
特別権力関係　142
特別地方公共団体　109
独立行政委員会　86
土地収用法　209
特許制　196
トリーペル　53

●な　行

内閣官制　74
内閣総理大臣　33
内閣の助言と承認　33
内閣不信任決議権　70

内閣法　16
内閣法制局　62
内容規制　186
内容中立規制　186
軟性憲法　14
二院制　20
二元説　225
二元代表制　111
日産自動車事件判決　141
日程国会　68
入国の自由　130
ねじれ国会　55, 70
農地法　205
ノモスの主権　29

●は　行
売春防止法　196
博多駅テレビフィルム提出命令事件　184
判例法　17
比較衡量論　183
非拘束式　44
非訟事件　103
被選挙権　224
非嫡出子　151
1人1票の原則　230
1人別枠方式　234
平等選挙　230
比例代表制　42
ヴァサク　125
福祉国家　215
複数選挙制　231
付随的違憲審査制　91
普通地方公共団体　109
不文法源　14
プライバシー　151
フランス人権宣言　13

プログラム規定説　210
分担管理原則　85
併給禁止規定　210
併用制　44
並立制　45
平和的生存権　36
法規　58
法定受託事務　113
法定立平等説　158
法適用平等説　158
報道の自由　184
防貧施策　215
法律委任説　92
法律行為　139
法律上の争訟　93
法律先占論　114
法令協議　62
北方ジャーナル事件判決　190
堀木訴訟　210
本会議中心主義　64

●ま　行
マグナ・カルタ　12
マクリーン事件判決　130
三井美唄炭坑労働組合事件　227
三菱樹脂事件判決　140
南九州税理士会事件判決　128
宮沢俊義　29
民衆訴訟　94
民定憲法　15
無効力（無適用）説　138
明確性の原則　187
明白かつ現在の危険の原則　187
明白の原則　198, 213
名簿式　44
命令的委任　28

目的効果基準　165
文言説　129
モンテスキュー　19

●や　行

薬事法　201
薬事法違憲判決　200
八幡製鉄政治献金事件判決　53
唯一の立法機関　55, 57
夕刊和歌山時事事件判決　189
郵便投票制度　224
郵便法違憲訴訟　238
ユネスコ　124
横出し条例　114
予算先議権　70

四畳半襖の下張事件判決　193

●ら　行

ライプホルツ　49
立候補の自由　227
両院協議会　65
臨時会　67
例示説　158
連邦国型二院制　69
労働基準法　138
ロック　19

●わ　行

わいせつ的表現　186
ワイマール憲法　122, 211

著者紹介

岡田　信弘（おかだ・のぶひろ）

・執筆章→ 1～15

1951年	北海道に生まれる
1974年	北海道大学法学部卒業
1979年	北海道大学法学研究科博士課程公法専攻単位取得退学
1980年	明治学院大学法学部専任講師
1983年	明治学院大学法学部助教授
1992年	明治学院大学法学部教授
1996年	北海道大学法学部教授
2015年	北海道大学大学院法学研究科教授
現在	北海学園大学大学院教授
専攻	憲法学
主な著書	『憲法のエチュード〔第3版〕』（編著，八千代出版）
	『日本国憲法解釈の再検討』（編著，有斐閣）
	『欧州統合とフランス憲法』（共著，有斐閣）
	『ブリッジブック憲法』（共著，信山社）
	『人権論の新展開』（共著，北海道大学図書刊行会）

放送大学教材　1128329-1-1311（テレビ）

事例から学ぶ日本国憲法

発　行　　2013年3月20日　第1刷
　　　　　2018年1月20日　第3刷
著　者　　岡田信弘
発行所　　一般財団法人　放送大学教育振興会
　　　　　〒105-0001　東京都港区虎ノ門1-14-1　郵政福祉琴平ビル
　　　　　電話　03（3502）2750

市販用は放送大学教材と同じ内容です。定価はカバーに表示してあります。
落丁本・乱丁本はお取り替えいたします。

Printed in Japan　ISBN978-4-595-31425-4　C1332